如何考古，怎樣思考

性別觀點如何撼動考古學

羅絲瑪莉・喬伊絲 Rosemary A. Joyce——著
林紋沛、陳毅澂——譯

Ancient Bodies, Ancient Lives: Sex, Gender, and Archaeology

目次

《如何考古，怎樣思考》導讀

江芝華｜臺灣大學人類學系副教授

考古學家如何談性別？為什麼要談性別？女性主義又是如何改變考古學？

這絕對不是一個所謂非專業的問題，因為就算是在考古學領域裡，也還有很多考古學家不認為我們可以透過考古研究討論性別，或是有些考古學家會說，除非有人骨出土，否則考古學家無法談論性別。

因為考古這門學科所依據的是各種物質遺留來討論過去社會，而所謂的物質遺留包含人所製造、使用的工具，日常生活所需要的鍋碗瓢盆，或是為了移動、生產食物、居住等的各式結構，像是各式家屋、火塘、馬路、耕地等等，這些都構成考古學家討論過去的主要線索，也因此很長一段時間，考古學家認為考古學無法談論性別，因為物不會說話，物沒有性別。

但是受到一九六〇、七〇年代的女性主義運動影響，考古學家除了注意到自身學科內強烈的性別失衡現象，並檢討實踐者本身的性別失衡對於考古學研究的影響，是否正如考古學家所一直宣稱的，考古物沒有性別，且無法討論性別？

經過系統性的檢視，考古學家們發現，過去的考古研究並非完全沒有談論性別，而是理所當然的把二十世紀對於性別關係的理解直接投射到過去，於是過去社會理所當然就是男狩獵／女採集，男主外／女主內，男性是食物供給、社群保護者，是社會進步的啟動者，是考古研究的重點，也因此，無論是女性考古學家或是我們的女性祖先們，在考古學的世界裡，不是被邊緣化就是被完全噤聲。

於是一群考古學家，主要是女性考古學家，開始積極追問，我們該如何在考古資料看到女性？該如何談論過去的性別關係？考古學可以如何與當代的性別研究對話呢？

羅絲瑪莉．喬伊絲的這本書便是想要嘗試回應這些問題，她更強調，雖然考古學家研究的是過去的社會，但是過去往往是社會用來合理化當代各種不平等現象的主要藉口，也因此考古學家有責任積極面對。她曾說，身為一個女性主義考古學者，深切理解並決心對抗當代社會運用過去來「自然化」許多不平等的現象。透過過去豐富的教學經驗，她更體認到直接運用證據說故事的力量。因此在這本書裡，她藉由過去性別考古學研究的成果，運用說故事的方式，一方面讓社會大眾看到考古學家研究的過程，從問題的建構、資料的收集、分析到如何把關於過去的故事說出來，另一方面，她更透過這些故事，針對那些我們習以為常、自然而然對於過去性別關係的想像，例如二元的性別對立、性別不平等的發展及異性戀本位的性欲想像，進行大規模的顛覆工作；讓我們跟著她，透過過去人們製作、使用的物及圖像，一起想像那個可能完全不同於當代主流概念的性別樣態，甚至逼問何謂性別？有放諸四海、跨越時間皆準的性別定義嗎？也更看到了人無限的創造性，不但發明了新的物質世界，更建構不同的人與人、人與物之間的關係。

女性主義對考古學的批判與貢獻

考古學家對於過去性別的追尋開啟了不同的研究方向，而女性主義考古學家的批判讓考古研究更精準及科學。

考古學家從尋找過去社會中的女性身影開啟了考古學性別研究的開始，也是在這個追尋的過程，發現當代社會的性別二元想像無法協助我們理解考古資料，就像羅絲瑪莉．喬伊絲說的，「考古學的物質面相抗拒化約，證據會掙脫過分簡化的模型，逼我們正視最不經思索的成見（頁一八四）」。於是當提姆．葉慈（Tim Yates）透過重新整理兩千多處遺址出土的人類圖像，想要討論北歐青銅器時代的性別關係時，他發現並無法如過往的分類以簡單的方式將這些圖像放進二元的性別圖像內，受到女性主義對於異性戀本位主義批評的啟發，葉慈認為若是跳出異性戀的想像，我們看到了圖像中，除了可能對男性戰士的推崇外，其他人彼此間並無太大差異，帶武器的不必然是具有陰莖的男性，而過去辨識成女性的人像也可能帶有武器，因此葉慈除了需要新的視野來理解北歐青銅時期人群的性別關係，更需要經過對於這些圖像資料進行更全面、完整的分析，我們才有機會說出不同於以往的故事。就如女性主義考古學家艾莉森・懷利（Alison Wylie）所說的，女性主義的批判讓考古學家進行更好的科學研究，更注意邏輯推論的一致性及資料分析的嚴謹性。

曾經有考古學家批判女性主義考古學家是政治的操作，想要用特定的性別意識形態進行對於過去的詮釋，以達到其改變當代政治的意圖。羅絲瑪莉・喬伊絲則透過不同的個案研究，讓我們看到女性主義考古學家如何運用不同的線索，反覆論述、驗證考古的證據，這個過程包含利用不同的科學技術，對於「物」進行更深度的分析，無論是運用化學分析方法來分析陶土的成分，嘗試連結不同遺址間的關係，或是透過同位素分析來看到印加帝國對於男女飲食的影響，甚至是對於土壤內化學成分的分析，或是澱粉粒、矽酸體這類無法被「看到」的微遺留來找到古代男男女女在不同場域的身影。絕非如批判者所言，女性主義考古學是強加性別在無法言語的物上，相反的，這些研究更清楚展現對「物」嚴謹的研究，絕對是奠定考古推論的重要基礎。

生命的可能性：女性主義考古學的積極意義

在書中，羅絲瑪莉．喬伊絲運用各種考古學研究推翻對於普同性的假設，這種假設不但包含我們對於二元性／性別的角色的假設，更是對於特定時空人群普同性的假設。例如在馬雅古典社會裡，社會階級的重要性遠超過性別差異，因此貴族女性與平民女性間的差異遠多於他們彼此的相似性。不同於傳統的假設，針對馬雅文字及圖像的研究顯示，統治家族與貴族階級的女性皆參與宮廷的儀式與政治生活，而無論是貴族或是平民，馬雅社會展現出，即便是在所謂的經濟不平等的狀態下，人類創造及主張社會聲望的方式可以非常多樣化。

而對於普同性的批判更讓考古學家致力於不同生命經驗的訴說。正如羅絲瑪莉．喬伊絲在總結這些不同考古案例時說，「重點不在於考古學家手上掌握了什麼樣的資料，而是展開分析時，能不能始終體認到差異是多數、動態、主動的存在」（頁一七五）。過去的考古研究重視的是尋找趨勢、模型，考古學家自豪宣稱正處在理解「歷史發展」的過程，結果在研究的過程中卻忽視、邊緣化甚至無視資料中常見的「偏差值」，然而這些都是過去人類生活所累積下來得證據，這些所謂的偏差值反倒是「過去」不斷發出的吶喊，提醒我們不能簡化、忽視這些生命經驗所遺留下來的蛛絲馬跡。就像女性主義考古學家露絲．特林漢（Ruth Tringham）指出，傳統的研究總是將過去的人視為「無臉」（faceless）之人，忽視存在於不同人之間的差異，而理解這些差異才是考古學者最重要的責任之一。

對於這些不同生命經驗的追尋，讓考古學家更清楚意識到，考古學不應執著於找到性別，反而應該「思考過去人群實際身體力行的生活方式，以及他們身體力行的各種行為如何受到鼓勵或壓抑」（頁一三八），並透過考古資料去探索不同時空的人類社會如何思考身體相似或差異，而這些相似或相異又是如何造就不同的社會關係（頁一二三），這些關係也會進一步影響社會對於身體差異的認知。喬伊絲在書中舉出生物考古學的研究，指出我們對於骨質疏鬆的論述是一個當代時空的產物，我們普遍認同女性隨年齡增長，特別容易面臨骨質脆弱與骨折的問題，因應此一論述，大量的醫藥相關產品、檢驗應運而生，彷彿這是生理無法變動的根本差異。然而透過比較英國三個不同時空的人群骨骼差異，莎賓娜．阿加瓦爾（Sabrina Agarwal）認為骨質差異的根本原因不在於性別的差異，而與工作型態、生育模式及哺乳行為等因素有關。雖說隨著身體老化骨質流失是一般生理現象，但不必然是女性必經之路，透過這研究，也讓我們更加注意到會引發骨質流失的其他因素，而讓阿加瓦爾的研究可以超越單純傳統研究進而得到不同的理解，便是她非常有意識的研究設定。因為受女性主義對於身體物質性討論的啟發，她分析時並未單純鎖定探討男性、女性差異，而是認為人人都有獨特生命歷程，各式各樣的生理及經驗特徵會塑造出不同生命史，因此採取分析方法時便有了不同的選擇，其結果不但讓我們看到被忽視的因素，更讓當代的我們對骨質健康有不一樣的理解。

性別之外

考古學是透過一套方法分析、詮釋過去的物質遺留，而考古詮釋的可靠度奠基在綜合考量不同證據，排除較不可能的詮釋，然而羅絲瑪莉．喬伊絲在書中說，「就算是最完善的考古詮釋也不會自稱有百分之百的把握，新資訊隨時可能改變事情的全貌」（頁六〇），考古學家只是盡量提供比較有可能成立的解釋，但是考古學家也清楚體認，自己的詮釋需要隨時被再檢視，無論是新資料的出土、新方法的使用，甚至是新觀點的提出。這其實是自一九六〇、七〇年代女性主義對考古學批判的開始。女性主義考古學家當時便深刻體認，甚至更進一步提出擁抱考古資料的「破碎性、不確定性、模糊性」（fragmentation, uncertainty, ambiguity），進行更有想像力的研究，也因此這群考古學家開拓不同的考古學寫作，無論是以小說、非線性書寫、影像或是表演，都希望以建構在「物」研究的基礎上，透過不同發表形式，刺激更多人，包含考古學家在內，透過對於「物」的理解，對過去進行不同的想像。

本書裡也時時可以看到喬伊絲對於考古資料本身破碎、不完整的提醒，這可能受限於時間本身的影響。因為考古學家研究的都是來自過去的資料，經過數十、數百、數千甚或數萬年的時間，「物」會受到環境不同面相影響而發生變化，這是考古研究需要大量科學方法協助理解因時間而產生的變化，但是喬伊絲在書中也時時提醒我們，除了時間造成的影響，當代的我們，包含考古學家，對考古資料詮釋所造成的影響也不亞於時間。所以我們必須提醒自己，當討論古典馬雅或是古埃及社會時，受限於過去考古學家對研究主題的偏食，對於非墓葬及非皇宮的遺址沒興趣，因此關於日常家戶和平民的研究就少，造成我們對貴族的理解遠比對平民的認識多了許多，但這絕非代表貴族的生命更值得研究，反倒該反思為何集中研究特定社會位置的人群；或是由於盜墓的關係，我們面對許多失去脈絡的物，那表示失去了更多可以用來說故事的證據。

超過百年的考古學發展，考古學家得越來越謙虛，面對物、面對時間，我們最有把握的，是知道我們的有限，無論是理論上或是方法上。但是從喬伊絲透過回顧這些性別研究的案例說明，即便我們充滿了不確定，但是起身對抗當代世界的不平等時，考古學者不能以此卸責，因為我們最了解，「過去」會是強大的資源，當聽到有人簡單援引過去，證明性別不平等是必然複製傳承的，有志於對抗不平等的考古學家都有責任提出質疑（頁一八四）。面對當代性別不平等的現況，本書透過存在於世界各地不同時空的故事告訴我們，過去並非必然是性別不平等的，因此性別不平等也不是當代生活自然而然、無可避免的特徵（頁一八五）。我們的祖先告訴我們，在歷史的長河裡，我們透過各種極有創意的方式，理解、面對、處理我們與他人的差異，與差異共處，甚至是讚頌差異，性別／性差異如此，其他方面亦然。而要讓這些祖先發聲，考古學家必須更深刻了解當代，認識我們是在什麼樣的框架內，回望過去。

導論

距今約三萬年前，在舊石器時代歐洲中部的一處聚落——下維斯特尼采（Dolní Věstonice，位於今捷克共和國境內），居民製作了目前世界上已知最早的陶製品。陶製小雕像與猛獁象牙所架成的營帳及火爐遺跡一起大量出土。下維斯特尼采居民跟舊石器時代的其他人群一樣，也是以採集植物和捕獵野生動物維生。他們製作的小雕像中包含了再現的女性形象，這也是歐洲其他舊石器時代遺址的常見文物之一（圖一）。許多這類小雕像誇大了女性身體特徵：臀部、腹部、胸部皆相當渾圓，當代的考古學家其實就是根據這些身體特徵將雕像辨認成女性。站在二十一世紀當代回顧當初人類以自然資源維生的時代，也許理所當然會認為古人生活裡最重要的就是生存、覓食、繁衍後代。

這種身材比例誇張的女性小雕像代表了一個極度重視豐產（土地的肥力、獵物的豐收，以及女性的生育力）的社會。女性或許因為能夠生兒育女而備受重視（甚至受到崇拜？），或許生育能力甚至賦予了女性崇高地位及權力。大家曾經普遍接受這種詮釋，近來隨著新證據出土，舊證據受到仔細檢驗，學界也重新反思考古學家提出的問題，我們於是得以用全新角度看待先人。新研究指出，這些人群擅長製作織品，他們對紡織能力的重視很可能不亞於狩獵能力或生育能力。也許在下維斯特尼采這類聚落，人生的可能性不是完全受到性別宰制，也許社會認可個人的各種能力，大家各有所長，據此在社會上各有相應地位，人人都活出了不一樣的人生。不只下維斯特尼采，世界各地的考古學家都發表了新研究成果，開始徹底改變我們對於過去社會中性與性別關係的看法，中間的反思過程也讓我們開始質疑原本對於社會中男、女「自然」分際的預設是否合理。

試想一下，古代社會沒有文字紀錄，唯一可考的是剛好熬過幾百年或幾千幾萬年來到我們眼前的部分文物，我們要怎麼根據僅有的些許證據推測古代社會裡男女的生活？我們要怎麼知道定居下維斯特尼采的人群製作了什麼樣的織品？如果就連瞭解織品都不容易，我們又要怎麼知道遠古時代男性和女性之間擁有什麼樣的關係？我們所謂「歷史」只包括了人類過去有文字記載的時期，這時期只占人類漫漫時間長河及成就的微小段落，而我們對於性與性別的假設卻往往是根據我們有限的親身經驗和歷史記載而來。透過考古學，使我們可以真正瞭解古代生活中的性與性別。

在沒有文字紀錄的漫長時光裡，人類對於性與性別可能有各種不同看法。過去二、三十年來，考古學家的研究成果大幅挑戰了當代性與性別的假設，例如當代往往假設人類自古至今都以男女兩性的二分法當作社會上的主要分類，通常也認為男性比女性重要，對於「性」的觀念一樣套用了二分法。當代考古學家期許自己能透過提出正確問題，來詮釋古代社會所遺留下的少量文物，並對數百年前甚或數千年前男性、女性的生活樣貌可以擁有全新認識。而第一步就是質疑我們究竟能否對生活情況完全不同的古代人類生活提出普同性假設。

不以普同性假設理解過去

有些論點主張，下維斯特尼朵等社會是由女性掌握統治大權，宗教以母神（mother goddess）信仰為主，當地出土的這類手捏燒製陶土小雕像正是核心證據。[1]支持這種詮釋的學者認為，小雕像描繪的是理想化、普同性的女性身體。將女性身體視為重要主題便是一證據，證明這些使用及製造小雕像的早期漁獵採集者是十分重視人類與動物的豐產。根據這種詮釋，女性的身體向來被視為豐產力的自然儲藏庫，某些社會對之歡迎

圖一｜歐洲舊石器時代小雕像，一般稱為「維倫多爾夫的維納斯」（Venus of Willendorf）。

頌揚，某些社會則倍感畏懼，加以否定與控制。

抱持這種假設會讓詮釋者把注意力聚焦在小雕像的某些特徵，像是肉感的胴體、渾圓的臀部、突出的腹部，但卻忽略了年齡特徵、動作表現等其他方面，也不會注意到不同工匠雕塑類似形象時因人而異的細節處理。小雕像同時也是古人技藝、知識和辛勞的實體結晶，假如我們只注意物品的單一面向，就會錯失其他面向提供的訊息。某些雕像製作者選擇用來表現人類形體的手法，包括他們刻畫了哪些臉部細節或是完全略去臉部，這些不只顯示不同工匠的個人風格，也說明被刻畫的男性或女性擁有什麼樣的社會位置。因為我們會挑選哪些特徵加以觀察詮釋，取決於我們認為哪些問題尚且懸而未決，又預設哪些問題已有定論。

對於小雕像的普同性詮釋忽略了圖像表現題材的方式可能各有千秋。歐洲舊石器時代的小雕像之所以吸引當代觀看的我們，是因為我們一看便認為是和我們相似的人類形象。相反的，美國西南部佩科斯（Pecos）河谷出土的早期小雕像，在表現人類時就不是運用這種直接好認的特徵。這些又扁又長的橢圓形雕像只用少許突出的黏土顆粒來代表臉部特徵，身體則塗滿彩色圖案，我們今天只能推測這些圖案或許對於製作者及使用者具有意義。佩科斯河谷的小雕像以間接手法表現主題，仰賴約定俗成的理解，就像大多數當代人一看到八角形紅色交通標誌，就知道這代表「停止」的意思。要詮釋這類象徵意義，我們需要理解使用這種圖像的古代人群可能擁有什麼樣的共通傳統。就算是看似一望即知的表現手法，也可能帶有重大的象徵意義。歐洲繪畫傳統裡，母與子的畫像一旦加上了光暈和百合花等細節，意義頓時不同，觀者會知道這是基督教繪畫，畫中母子是聖母瑪利亞與聖子耶穌。要理解過去的社會，我們必須考慮到概念可能如何以直接方式或象徵手法呈現，也必須體認到象徵傳統會隨時空背景而改變。

預設古代文物的意義可以一目瞭然，不只會因為製作者意圖而碰釘子，還會碰上其他難題。面對同一件文物，不論是小雕像或是小雕像所代表的人或動物，觀察的人不同，注意到的特徵可能也不一樣。有些歐洲舊石器時代的形象本來被認為是擁有巨大胸部及普通頭部的寫意女性形象，但近代有些

圖二｜擁有兩種觀看方式的歐洲舊石器時代文物。這個方向會引導觀者看見女性軀幹，如果上下顛倒，雕像就更像是男性生殖器。

學者將小雕像上下顛倒，發現若改從這個方向觀察，小雕像看起來更像是男性生殖器。而且根據用來垂掛雕像的穿孔位置，這可能才是過去人類使用小雕像時最常見的觀看角度（圖二）。

一般的模型往往將現代關於男女差異的成見投射到過去，忽略了在不同時間、不同地點，男女二元差異未必是最主要的分別。二元化的分析方式可能會讓性與性別的某一種體系顯得必然而然。我們從外觀的相似性，一眼就能看出舊石器時代小雕像刻畫的是人類；然而一旦把小雕像套進當代既有的分類，例如把人類形象一律分為男女兩類時，小雕像就被視為非男即女，而觀看角度的模糊性，甚至雕像表現題材的不確定性，全都遭到簡化。即使一個小雕像細節豐富，讓今天的我們一眼就能看出「這是女性」，這個小雕像在古人眼中也有可能其實是某位人物的雕像（可能是生者，也可能是死者），或是某個抽象概念的擬人化（就像自由女神像），甚或是某一群人的再現（例如老人

圖三｜下維斯特尼采建築的想像重建，古人在此製作及丟棄小雕像。

或年輕人)。我們如今太習慣用當代身分裡特別看重的性徵把人類形象分成男女兩類,反而忽略了雕像共享的其他特徵。

將物放回脈絡

在西元前兩萬八千年到兩萬兩千年的下維斯特尼采,製作及燒製小雕像的窯爐位於猛獁象牙搭成的營帳聚落邊緣。如果能夠知道文物出土位置、使用後的棄置地等詳細資訊,考古學家就能建構出更豐富的詮釋(圖三)。[2] 一同出土的破碎小雕像描繪了各種動物及男性、女性的形象(圖四)。針對這些早期圖像的恰當詮釋應該要能涵蓋所有類型的圖像,不能只適用一部分情況。我們是可以繼續堅持用「豐產」理論來詮釋舊石器時代的女性小雕像,說動物的豐產對古人也很重要,說男性人物是和女性人物互補的次要存在。但是這一整組小雕像也能帶出不一樣的問題,如果我們願意把器物看成生活中各種活動的證據,不要先入為主自認我們知道男性和女性之間擁有什麼樣的關係,那麼古代生活將會更栩栩如生地呈現在我們眼前。

這些小雕像是現存最早的陶製品,學者研究分析後重建了雕像塑形與燒製的過程。[3] 當地含有黏土的土壤與水及研磨後的骨粉混和,成為容易加工的陶土原料。在離聚落有一段距離的小屋裡,下維斯特尼采人將這種陶土製作成小型物件,大小只有幾英寸,大部分

圖四｜下維斯特尼采出土的女性小雕像。

是獅子、犀牛、猛獁象等動物雕像（圖五）。沾有指紋的小陶球證明製作者是從大塊原料捏下一小塊一小塊陶土。有枚指紋清楚留在一尊女性小雕像表面，從指紋大小可以知道一個年紀大概七到十五歲的孩子在陶土乾燥前碰了小雕像。塑形完成的小雕像被放進窯裡，窯是位於小屋中央的圓頂狀火爐，在燒製陶器時快速升溫至華氏一千五百度（攝氏八百一十五度）。他們不等陶器完全乾燥就開始燒製，燒製過程中留在陶土內的水分蒸發成水蒸氣，體積膨脹，讓許多小雕像在燒製時破裂。小雕像身體破裂是常見現象，因此研究者認

圖五｜下維斯特尼采出土的動物頭部雕像碎片。

為破裂不是瑕疵，而是製作者刻意追求的效果。

透過這個研究，我們可以把雕像燒製過程理解成一種展演，燒製過程中有許多小雕像都會爆裂，這讓我們把注意力從雕像的靜態圖像身分轉移到雕像在人們生活中的使用狀態，而製作雕像所需的技巧可能是當時人們做出區辨彼此身分的一種依據，我們不能假設這種區辨是依循性別之分。將小雕像視為物件，讓我們看到製作技藝可能是這個社群區分彼此的一大依據，陶器上留下來的其他痕跡也支持這種看法。

遺址也出土了經燒製或未經燒製的陶土碎片，它們是製作小雕像的副產品。這些碎片告訴我們另一項技術的資訊：織品製作。陶土碎片上留下了織品的印痕，是在小雕像塑形、乾燥及燒製過程中留下來的痕跡（圖六）。[4]掌握這些線索之後，考古學家奧加．索佛（Olga Soffer）重新檢視了該遺址及其他同時代遺址出土的小雕像，詳細描繪小雕像上織品紋路的不同之處。原本湮沒於時光長河的整項技術得以重建還原，這也是目前已知最早的織品製造證據。

考古學家主張，在這些社群裡，重要的不只是女性彼此之間哪裡相似，還有女性彼此之間哪裡不同。考古學家重建出來的織品十分複雜，工匠需要高超技藝才能夠製作，其他人也許能夠辨認出特定工匠的作品。不是每個小雕像都有織品紋路，考古學家認為具有織品圖案的小雕像是為了紀念及頌揚特定女性人物，也許印痕殘留在陶土碎片上的織品就是由這些女性親手製作。同理類推，製作陶土小雕像的技藝也可能是牢牢掌握在儀式專家手中的知識，他們透過雕像在燒製過程中爆裂的展演，來鞏固自己的地位。

這些舊石器時代的小雕像若在普同性解釋下只有單一意義，相較之下，這些研究指出了雕像的各種意涵。考古學家深入研究陶製品和編織技術，再細小的碎片所提供的線索都不放過，他們思考物件如何建構出社會差異，不需要假設某一種差異是放諸全人類史皆準的最主要差異。

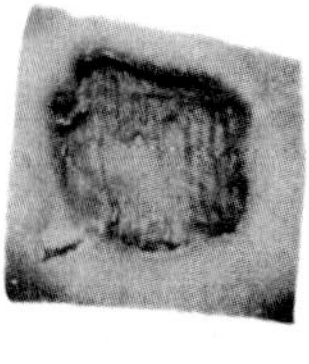

圖六｜織品本身無法長存，但痕跡留存在陶土上；巴甫洛娃（Pavlovu）一號遺址出土。

就算重建出某一遺址會製作某些手工藝品，考古學家也不會把這個結論類推到同時代的其他社群。古人需要高超技藝才能成功製作出下維斯特尼采的小雕像、編織出當地使用的各種織品；除非握有更多證據，否則考古學家不會認為這是歐洲舊石器時代各地社群的普遍現象。對考古學家而言，因地而異的差別描繪出一幅處處是獨特歷史的景象。[5]在不同地方的歷史裡，男男女女的生活可以各有不同的發展樣貌。

實踐的差異

不同地區出土的歐洲舊石器時代小雕像，織品紋路也出現在女性雕像身體上的不同部位。[6]歐洲東部小雕像上的布料常常出現在腹部和胸部（圖七），歐洲西部小雕像上的布料則是出現在臀部跟大腿（圖八）。不只布料位置，小雕像的差異還包括身上到底有沒有布料。諸如編織帽、罩袍、腰帶、裙子、綁在身上不同部位的帶子等等，這類獨特特徵只出現在目前出土的部分女性小雕像上；男性小雕像完全看不到這類痕跡。

研究過去社會性與性別的考古學家，對於相異之處就跟類似之處一樣重視。一般往往認為人類注定只會發展出一種性別關係，關係的基礎必然建立在兩性之間的不平等上，由一方凌駕於另一方，考古學家對於性與性別研究的一大貢獻就是對抗這種思維。考古學家思考的課題是，各種獨立證據究竟是在說明過去無數社會只有單一面貌，還是指出了社會

上｜圖七｜歐洲東部的舊石器時代小雕像，胸前有布料痕跡。

右｜圖八｜歐洲西部的舊石器時代小雕像，身著布製圍裙。

更複雜的一面，他們熱衷將性與性別的再現和過去人們的實際生活做比較。

為了更瞭解歐洲舊石器時代人體形象的再現與人們實際日常生活的關係，考古學家觀察人類小雕像上仔細留下的各種織品痕跡，對比當時人們生活中可能實際穿著的衣物。生活在冰河期歐洲，當時的人類必須穿著保暖衣物。當時的衣物式樣可以從某些傳統線索推測，像是固定衣物的用具以及製作衣物的工具，包括骨頭或象牙雕製的鈕扣與棒扣，還有用來在獸皮上穿洞的骨錐（bone awl），以及用某種纖維把棒扣縫到獸皮上的骨針（bone needle）等等。在與小雕像同時期的墓葬裡，衣物相關的物質證據顯示，不論墓主的性別或年齡，墓主身上穿的衣物都比小雕像上的布料更多，衣物式樣並未明顯依性別而異。[7]

觀看古代小雕像等證據之時，我們不能對雕像呈現的表象照單全收：雕像製作者的真實生活，和他們將人類和動物記錄成永恆形象時選擇的某些刻畫方式，兩者不能畫上等號。考古學家將再現與實踐的差異視為重要證據，用來改進詮釋的結果，說明圖像如何創造、強化，甚或掩蓋了社會關係的某些面向。研究歐洲舊石器時代的考古學家強調，人類小雕像身上是否出現織品，是分類小雕像的初步依據。[8]由於女性小雕像（以及全部的男性小雕像）根據這個定義，女性小雕像並非全都一樣。大部分的女性小雕像橫跨兩種分類，身上其實沒有任何織品圖案。考古學家認為，這證明某些女性透過編織技藝取得了個人地位，也因此對於布料擁有特殊的使用權，這種地位未必延伸適用到全體女性身上。

將差異視覺化

在下維斯特尼采，不是所有動物都會成為再現主題，就連具有重要經濟價值的動物也未必會是題材。考古學家研究不同動物的骨頭出現與否以及出現頻率，從這些線索理解古代雕塑家可能認識哪些動物，哪些動物又是主要食物來源及其他物品的原料來源。獅子、犀牛、猛獁象是最常見的動物雕塑主題，但之所以雀屏中選是因為其他原因。[9]我們可以看到人類雕像只有幾種型態一再重複，但動物百態卻攫取了雕塑家的目光。動物雕像千變萬化，多樣性顯然遠勝人類雕像。但只要稍微抽離我們強壓在古代人類的認同感，就能清楚看見再現的對象是經過揀選的。

當代考古學家不再認為小雕像純粹證明了古人一成不變地以女性身體的象徵強調生物繁衍，改而呈現給我們另一幅舊石器時代人群的景象：社群裡大家各懷不同技藝，而且這些技藝可以讓他們在自身社會脫穎而出。有些人積極使用小雕像等視覺媒介來表達各式各樣的變化，多變樣貌展現在不同女性之間、男女之間、人類與動物之間、不同動物之間。

刻意挑選某些事物來記錄，不挑選某些事物，為的是以視覺方式探討特定生活議題。從這個觀點來看，小雕像不再只是絕對客觀圖像的刻畫呈現，更是活生生的人刻意做出的宣示，宣示的是可能對某人某地具有特殊意義的特定區分。視覺文化不是事物樣態的被動反映，而是人們藉以塑造生活的媒介。

這裡點出了兩種思考視覺圖像的不同方式。第一種方式認為圖像反映了公認的真實情況，根據這個觀點，現代廣告圖像呈現了大家普遍同意也普遍接受的男女角色概念。但是這個例子同時顯示，我們也能改用（或是同時用）另一種方式思考圖像，將圖像視為宣傳手段，宣傳的主張也許會受到挑戰，就像不是人人都同意現代廣告所呈現的理念。

我們也許很想私心認為圖像的主動角色是近代社會的專利，近代社會裡，大家十分清楚在同一個社會內部，不同群體之間充滿了各種差異，不管外人眼中這些人的境遇有多相似，我們仍然認為人人各有獨特觀點、各有生命史及身分認同。即使是人口更少、內部差異較不明顯的小型社會，這個道理依然成立。例如在美國西北岸的小型原住民社會，大部分的人都有親屬關係，或是認識彼此的家庭成員。他們將不同動物當成家徽，普遍以同樣方式描繪動物，因此即使是外來者也能輕易辨識出渡鴉、殺人鯨、海狸等各種動物，但是某些家族或某些個人之間可能會激烈爭奪圖像意涵的詮釋方式。面對同樣的雕刻、同樣的面具、同樣的房屋裝飾，不同的人會講述不同的故事、吟唱不同的歌曲、敘說不同的歷史。

當代考古學家認為圖像不是單純反映普遍的認知，圖像是一種宣傳手段，所宣傳的主張可能會受到挑戰。我們認為關於人類差異的主張可以有多種詮釋，這點今天如此，過去亦然。這點構成了重要基礎，讓當代鑽研性別關係的研究者能夠挑戰傳統詮釋觀點，缺乏這種想法的傳統觀點可能會忽略人類社會的複雜程度，不論是在古代或是當代。

性別的物質史

獸皮服飾早已腐爛消失，但是獸皮上的固定用具、縫製衣物用的骨錐及骨針，繩索及織品的印痕，這些來自歐洲舊石器時代的線索可以告訴我們遠古時代的人類衣著。製作過程的工具、副產品，以及遭到丟棄的成品，這些東西不只能告訴我們衣服如何製作，也能告訴我們不同年齡、性別或社會地位的人是否會穿不一樣的衣服。技術水準不一的工匠留下了各種痕跡，這些痕跡甚至可以指出不同遺址的關連，像是文物出土地之間的關連、出土地與遠方原料產地之間的關連。

考古學家借用其他學科分析視覺文化與文本紀錄的研究方法，與物件的製作、使用、破壞、丟棄等重要面向互補，發展出各種方法讓物件發聲。考古學家為視覺圖像及文本紀錄的研究注入了另一股專業力量，幫助大家瞭解人類如何塑造物品，物品又如何反過來塑造人類。本書討論的是考古學如何回應當代性別研究，探討人類如何理解自己與他人的區別、如何表現這種差異，他人又如何應對這種想法。

考古學家不再認為舊石器時代的小雕像只是理想形象，也不只是呈現真實人類、真實動物以及人類與動物互動關係的圖像。在考古學家眼中，圖像也是一種實體物件（出土的文字紀錄也是），技藝嫻熟的製作者想要說服他人接受自己的觀點，於是動手打造了物品。考古學家對性別研究做出獨特貢獻，不只讓我們有想像過去的能力，也能幫助我們瞭解為何某些當代事物會被視為自然而然、無可避免的存在。

探討過去的性別何以重要

當代的我們只代表人類漫長歷史發展的一小部分。女性主義學者認為，近代西方社會狹隘的性別認同觀及性別角色觀，絕非過去無數人類社會裡唯一存在的一種性別關係。[10]相較於規範式的性與性別二元模型（two-sex/two-gender model），當代人類的生活經驗其實遠比模型設想的更多樣化。這種規範式二元模型影響社會或自然的程度，也許根本不像模型擁護者說的那麼根深蒂固。不過要證明這點未必容易，今天的性別經驗被同質化，讓二元性別看起來像是自然天生的情況，也被投射回沒有變動的過去，主張古代男女同樣活在普同性的基因差異及生育義務的宰制之下。考古發現也往往是這種自然化（naturalization）的一部分，就連描繪人科祖先時也將之呈現為一個又一個的核心家庭，女性負責固守家園，男性出外四處巡走，把所需資源帶回家中。[11]但是古代的實際情形其實難用單一的人類社會模型敷衍過去。

有些人類生活模式在今天已經完全絕跡，人類經歷過農民尚不存在的時代，即使到了農業萌芽之後，許多人的日常維生也不仰賴農業，我們今天將這種生活方式稱為狩獵採集或是採集和收集。今天有些人群也以類似方式維生，但他們不是活在歷史之外的活化石。當代採集者與農民比鄰而居，置身於權勢和財富皆分配不均的全球社會裡。過去人類全都以野生動植物維生，我們回顧邈遠的歷史時，不能忽視古今環境的差異。

之所以不適合把當代社會樣態當成詮釋過去的模型，不只是因為經濟生活上的差異而已。今天世界各地普遍採用的政治組織形式甚至是比農業生活更晚近的發展。當代世界由極少數人決定絕大多數人的生活條件，一小部分人往往消耗了社會的大部分資源。這種社會關係賦予不同人不同階序地位（包括根據性別排列的階序），構成現代經濟和政治秩序的基礎。但是我們有什麼理由認為，不採行現代政經制度的遠古社會會有跟現代一樣的社會關係？

即使是歷史紀錄看來與現代社會一脈相承的古代社會，生活方式也往往不同於今天認定的標準模式。以古希臘社會為例，儘管古希臘是現代民主的發祥地，也是當代科學和醫學的根源，古希臘人卻認為男性和女性分別代表單一性別的不同面向，這種單一性別若受到比較多「熱源」的影響就會發展成男性。由於年輕男性的成年性別尚在發展當中，年輕男性比較接近女性，和年長男性反而差距較大。古希臘社會認為性別是同一種潛能發揮到不同程度，因此可以接受成年男性和女性或是年輕男性發生性關係。古希臘性別觀認為女性相對於男性天生發育不全，對照史家筆下一些不利於女性的社會習俗，包括女性不能擁有財產、需要有男性監護人、必須住在房屋群落中接受保護等等，至少有一部分也是受到此種性別觀影響。另一方面，由於這種性別觀認為人類是把同一種潛能發揮到不同程度，他們可以體認到女性彼此之間的差異。女性奴隸、僕役及性工作者，過的不是刻板印象裡上層階級女性那種封閉、被動、缺乏自主性的生活。古典希臘的性別觀認為人類的性別差異是不同程度的表現，而非不同類別，因此也能夠想像出由女性負責治理及戰鬥的社會，也就是希臘藝術文學當中的亞馬遜人。

當代社會是過去的產物，但絕不是單純重演了歷史。現代的經濟體系、政治組織、社會關係都是不斷演變的歷史所造成的結果。就算是再晚近的歷史，時空背景也和今日世界大相逕庭，我們沒有道理假設當時的人類生活只不過是今日生活樣貌的另一種版本。歷史學家和考古學家收集了許多過去社會生活的證據，從中可以看到各種不同性別關係的例子，不只有大家今天習以為常的主流性與性別二元模型。考古學能夠關照人類歷史全局，對於人類性別經驗的研究領域實是一大助力。

考古學與性別研究

思考古代物質生活時，會發現我們能掌握的事物似乎相當稀少：只有少數人的骨骸留存了幾百幾千年；建築物只剩斷垣殘壁；至於古代的衣物、工具、裝飾，考古學家一般只能找到已經破碎、廢棄，似乎不具任何意義的斷簡殘片。本書將探討我們如何借鑒考古學關於古代社會的學術研究成果，改造我們對性與性別的想法。認識考古學家如何將碎片轉化成瞭解過去複雜世界的線索，這可以從兩方面帶給我們啟示。

第一，儘管鑽研文字紀錄的歷史學家已經提出豐富論述，挑戰現代性別體系普世皆然的常見假設，但是有文字的歷史畢竟只占人類在地球上漫長時光的一小部分。咸認我們智人在數十萬年前正式誕生，然而現存最古老的文字紀錄距今卻只有六千多年時間。從幾十萬年前到六千多年前，這中間發生的事情只能靠考古學來發掘，考古學能夠勾勒出人類表達能力的完整發展史，告訴我們人類如何學會以視覺及口語方式表達想法，讓我們和最接近的動物親戚有所區別；考古學也能告訴我們人類最初如何馴化動植物，一開始又是怎麼實驗新型態社會生活，不再只是和父母、子女、近親同住，而是和更多人群形成村莊而居。

綜觀過去六千年來的人類社會，不是所有社會都留下了文字紀錄；即使社會上使用文字，也不是所有人的生活都能記錄下來。書面文本有限，這表示大部分人類史可能都沒有文字敘述可考，就算是在有文字的社會，多數人的生活也不會留下文字紀錄。人類歷史泰半不是以文字記錄的故事，相反的，大部分人的歷史都必須從他們製造、使用、傳承、丟棄的器物去追尋。

考古學因為想要探討缺乏文字紀錄的主角，於是發展出研究技巧把對事物的觀察轉化成不同的生命故事，這種方法不只是為了填補歷史文本空白才退而求其次而已。考古學家瞭解，人們製造的物品也會反過來塑造使用物品的人。不論身處哪個社會，我們往往不是透過直接討論學習怎麼當男人或女人，而是在物質世界的生活經驗下漸漸潛移默化。

即使是有文字歷史可考的社會，考古學關於物如何影響人的洞見依然可以改變我們對社會的認識。考古學的研究能讓我們看出明言的規範與實際情形之間存在何種落差，還有本身也是實體物件的文本，是在什麼樣的脈絡下被書寫、傳播、閱讀、詮釋。考古學家能夠挖掘實體事物與文獻說法之間的互動關係，不只能讓我們深入瞭解原本所知不多的古代性別關係，也能幫助我們洞悉現代性別關係。

現代的性別認同觀與性別角色觀有其歷史脈絡，今時今日的性別安排與分類不是唯一一種可能性，也不代表自古以來就是如此。許多學科的學者已經指出，現代的男女角色定位絕不是必然結果，也不是源自天性。瑪利亞・金布塔斯（Marija Gimbutas）指出古代歐洲曾經是平和的母權社會（matriarchy），米歇爾・傅柯（Michel Foucault）的系譜學認為當代西方的性向觀（sexuality）承襲自古希臘男性公民身體的養成，托馬斯・拉科爾（Thomas Laqueur）的歷史研究指出歐洲醫學思想中的二元生理性別模型是相對晚近的產物；從金布塔斯、傅柯到拉科爾，古往今來的漫長時光充滿了豐富的性別論戰。[12]在說明性與性別的多樣歷史發展時，考古學能夠提供許多例子，但是考古學家卻很少站在第一線，向婦女研究、性別性向研究、歷史學及其他學科的讀者介紹這些案例。[13]原因之一是考古學開始探討性別性向問題的時間本身就慢了半拍。要瞭解來龍去脈，我們需要一探考古學門本身的性別研究史。

考古學門內的性別研究

嚴格說來，考古學不是單一學門。[14]十九世紀末以降，美國的考古學一直是人類學下的次領域。至於世界各地的考古學家，他們可能會出沒於古希臘、古埃及、古大不列顛等特定區域的歷史研究。不過不論考古學家在學術機構的架構下是隸屬於歷史系、古典學系、區域研究中心、集合形成考古學系、或是身為人類學系的一員，全世界的考古學家彼此仍然擁有連結：大家共享同一套技術，也擁有共通的思維，知道如何將發掘出土的器物詮釋成證據。至於證據要用來回答什麼樣的問題，不同考古學家各有不同想法，投入人類學或是歷史學領域也會讓考古學家關注的問題有所不同，問題也會隨著時代背景改變。[15]

儘管如此多元，考古學家依然跨越學科分界、跨越國家傳統互相溝通。因此自從考古學成為探討過去的正式研究方法以來（起點一般追溯到十九世紀上半葉），我們依然可以在全球的考古學發展裡看見共同路線。隨著自然史博物館不斷擴大，十九世紀的考古學開始系統化分類文物，頗類似生命科學界的分類學發展。當時的考古學家認為出土文物的價值在於文物代表了文化群（cultural group），研究目標是建立文化群分布在不同時空的證據。十九世紀末到二十世紀初發展出的技術旨在將不同文化放入歷史的次序中。

大家基本上一致認為考古學的目標是記錄由相同群體創造的物質文化，對此少有批判反思。至於考古「文化」內部的差異，像是不同性別之間的差異，這類問題乏人問津。歷史是同一區域裡文化的發展累積，大家假設傳承古代考古文化的後代男女擁有和先人相同的生命史。因此打從一開始，現代的性別安排就被自然而然的投射回古代，往往是直接套用，完全不假思索。

到了二十世紀，系統性的時空紀錄讓考古學界可以提出新問題，用來解釋觀察到的模式。大家收集和彙整資料時以群體為單位，既有資料於是鼓勵學者從群體行為的角度解釋分析，不討論群體內部的差異。二十世紀的考古學缺乏對於性別假設的明確反思，但這不等於性別中立。二十世紀晚期之前，考古學家鮮少以性與性別做為研究主題，但是他們為古代人類社會建立模型時，卻常常假設男女先人各有特定行為模式。學者一直理所當然認為每個社會都有規範式模式，也認為人們會遵守規範。他們為男性和女性投射的規範式角色，除了取自普同模式的既定假設，也取自文化人類學者對相似經濟與社會組織形式社會的觀察或是歷史文獻的紀錄。

二十世紀中葉，考古學家重新定義了這些群體的性質。這群研究者主要是美國考古學家，發展出了一九六〇、七〇年代所謂的「過程」（processual）考古學。受到生態學影響，過程主義考古學家不再將身為研究對象的「人群」視為不證自明的存在，他們想要從人類群體適應環境的角度來解釋物質文化。研究分析的基本單位經過重新定義，改變了考古學的樣貌，但並未連帶促使大家重新審視性別方面的既有假設。這段時期大家雖然廣泛反思了考古學的中心思維，卻幾乎毫不批判對於性別的假設。[16]

一九六〇、七〇年代，確實有一些考古學家開始好奇新問題，思考在不同「層級」的人類與環境系統裡，也許會有各式各樣的群體。例如肯特・弗蘭納里（Kent Flannery）的古代墨西哥瓦哈卡（Oaxaca）研究開始討論家戶，瓦哈卡的家戶是由成年男性、成年女性及孩童組成的團體，他們住在一起，共同分擔維生的必要工作。[17]重建瓦哈卡早期村莊生活時，弗蘭納里根據火爐和破碎工具的出現地，按照他認為這些工具一般是由男性還是女性使用，將家中特定區域分別定義成男性或女性的工作區。來到家屋牆外，弗蘭納里將設有儲藏坑的院子詮釋為家庭工作場所，證據一樣是根據男性或女性工作時留下的痕跡。

家戶被定義成一種初級單位，是經濟適應（economic adaptation）中最基礎的存在。另一種初級單位是任務團體（task-group），任務團體的成員擁有共同目標，是可能永久存在也可能只是一時設立的專門組織。考古分析所運用的新單位依然是以成員共享的相似性來定義，不太關心團體內人與人之間的差異，甚至也不太關心同一種單位裡不同個體的差異，像是不同家戶之間的差異。儘管如此，這些初級單位的定義最後也引導考古學家開始明確思考小型社會團體內部不同性別的差異。任務團體的討論常常會特別說明參與者的性別，判斷性別的依據則是與當代社會或歷史上的社會相互比較。[18]於是在詮釋某些狩獵方式時，學者認為參與的男性團體負責獵殺動物，女性團體接著從獵物上取下可用的肉與獸皮，家戶的本質則是男性和女性為了彼此的生存及世代繁衍而合作共組的團體。[19]

具有性別意識的考古學誕生

儘管許多討論已經認識到古代社會存在不同性別，但是研究性與性別的考古學要等到一九八〇年代才逐漸形成明確領域。[20]從世界各地不同考古傳統所發表的研究可以看到，探討性與性別議題的浪潮一波又一波出現在世界各地的考古學界，而且多半是獨立出現。[21]許多考古學家儘管是在這個時期開始探討性與性別，卻明確否認自己受到女性主義啟發。不過由於時間的吻合，很難想像這些發展與全球一九六〇、七〇年代的婦女運動無關。國際婦女運動開啟了提出新問題的契機，即使是不想沾染「政治」的研究者也一樣受到影響——許多研究性別的考古學家都認為想要不碰「政治」根本是痴人說夢。[22]二十世紀下半葉，政治氛圍的新氣象一掃過去教育現場和人事雇用場合中的歧視風氣，影響所及，接受考古學學術訓練的女性比重與日俱增，女性在考古學界的角色也日益重要。一九八〇年代到一九九〇年代，性別開始成為考古學界認可的研究主題，許多研究者都是女性，而且她們往往還在攻讀博士學位。考古學家謝麗爾．克拉森（Cheryl Claassen）早期便針對以性別為主題得會議論文進行研究，發現有數百位學者幾乎同時發表性別相關研究論文，且這些女性研究者大部分都還是學生。[23]

這些女性研究者最初想要解答的問題是：「過去的女性身在何方？」為了探討這個問題，性別考古學家快速發展出研究方法，想要將特定性別與特定器物連結。由於大家並未重新省思自己使用的分類架構，許多考古學家展開研究時，已經先預設過去有兩種社會性別，分別對應到兩種生理性別。大部分考古學家也同時假設，兩性活動有別，男性和女性至少各自分開從事一部分活動。

考古學家很快發現這種假設局限了他們的視野，讓他們把古代視為現代的另一種版本，有些考古學家積極合理化這種假設，有些轉而對此加以猛烈抨擊。此後各種研究方法如雨後春筍般冒出，一部分依然著重於探討女性的歷史（因為主流敘述依舊忽略女性的身影，或是對女性的貢獻輕描淡寫），有些研究方法質疑性別認同的穩定性，也有研究方法批評器物作為「自然化」特定性別關係的角色。今天，探討性與性別的考古學家踏上各種研究之路，寫出了豐富精彩的故事，例如近代奴隸解放之後，重獲自由的非裔美國婦女如何重建家庭生活；中美洲早期村落的年輕男女如何學習成年男女的角色；以及在非洲的早期人類祖先中，女性如何開闢創新之道。

這場學術運動終於開花結果，時至今日，考古學提供了我們無比豐富的性與性別研究成果，資訊之繁多絕非單憑一人之力就能簡單總結。本書也不以總結為目標，本書的目的是要呈現古代性與性別研究中關鍵問題的考古學精華觀點，也希望傳達這些研究觸動人心之處。後面章節按照議題分門別類，不以地區或時代分類。有些例子是婦女研究或性別研究領域裡探討過的對象，不過這裡將以考古學觀點重新剖析。有些研究擴大了考古學性與性別的研究視野，將男性氣質納入討論，也質疑性與性別的二元模型。本書探索了田野學者與實驗室學者的觀點，他們發掘及記錄了性別經驗史的證據，提出各種詮釋。而為了想要理解學者的詮釋，我們必須先認識考古學家如何著手進行研究。

CHAPTER

1

認識過去的方法

在宏都拉斯北部的埃斯孔迪多港（Puerto Escondido），有個最晚約西元四百年還有人居住的小村莊遺址，我和一群學生、當地工人一起在房屋的院子裡，針對一個廢棄儲藏坑進行發掘，這坑內主要是丟棄於此的家用品碎片，在其中我們發現一件陶環的碎片（圖九），以細黏土精心製作而成，圓環的薄壁先打磨處理成低度光澤，再燒製成通體棕色。儲藏坑裡亦出土了大量類似的棕色及黑色燒製陶環，我們認為這些陶環是線軸形耳飾（ear spool），一種將耳垂穿洞後戴在耳洞裡的圓環飾物。

這件耳飾代表的物質文化構成了人們生活的一部分，影響時間最早至少可以上溯到西元前一千年，下至西元一千五百年以後。最早完整的陶耳飾發現於墓葬內的墓主頭部位置，墓葬則位於房屋不

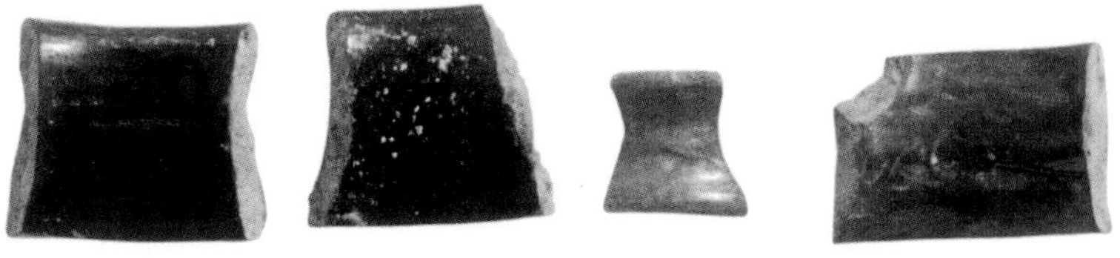

圖九｜宏都拉斯埃斯孔迪多港出土的陶土燒製線軸形耳飾碎片。

遠處，年代最早可追溯至西元前八百年。從宏都拉斯當地在西元前一千年至西元一百年間製作的陶製小雕像（圖十），以及西元五百年至一千年間製作的小雕像（圖十一），都能看到人類雕像穿了耳洞，圓柱形飾品插入耳洞中間。十六世紀的第一批西班牙侵略者留下了當地風俗的文字紀錄，亦指出當時仍在使用類似的線軸形耳飾。圖像及文字的再現，加上直接的物質證據，讓這類小小碎片能夠成為古代社會人類生活方式的證據。[1]

根據鄰近地區十六世紀的紀錄，穿耳洞是當地孩童通過儀式的一環，通過儀式讓孩童漸漸學會自己的成人角色，成年後承擔的不同角色也代表了不同的性別經驗。在日常生活中使用線軸形耳飾這類物品成為塑造生活的一種

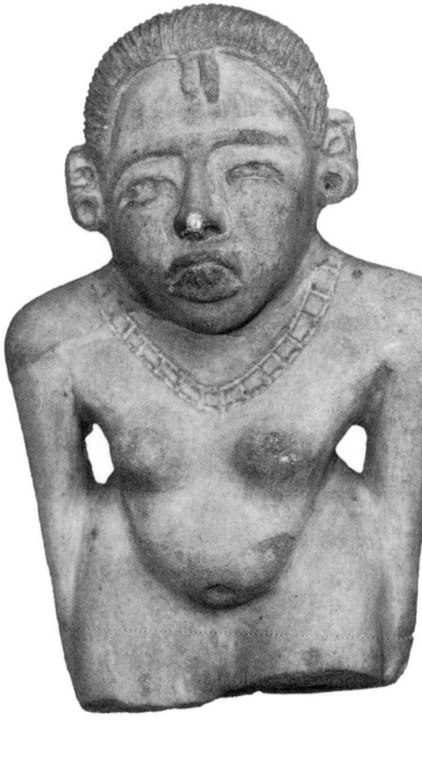

圖十｜逝者海灘（Playa de los Muertos）遺址風格的小雕像，展示了線軸形耳飾的佩戴方法。

方式，引導人們以社會認可的方式過生活。人們日常生活透過重複使用這些物品，在特有的歷史及文化環境內運用這些物品，包含那些不同性別的各種行為及相同性別的相似活動，這些行為也就漸漸被視為理所當然，自然而然了。

考古學家如何透過這類陶土碎片，瞭解古代社會中男男女女的生活樣貌？化為小碎片以前，這件物品曾經是某人身上佩戴的飾物，於是這塊小碎片能讓我們驚喜窺見大約一千五百年前男性、女性及孩童生活中的特殊事件。線軸形耳飾的碎片也許可以說是一種線索，但是對於我們想要認識的過去生活百態，單從這則線索無法得知多少訊息。因此考古學家會仔細觀察這類文物出土的脈

圖十一｜出土於宏都拉斯烏盧阿河谷（Ulúa Valley）下游的古典時代晚期模造小雕像，雕像佩戴著線軸形耳飾。

絡，透過脈絡得知關於古代生活的大量細節。

考古脈絡

上述線軸形耳飾的碎片是被丟棄在房屋院子裡，知道這個細節會大大影響對遺物的詮釋（圖十二）。雖然詮釋時應該考量到同時期墓葬也發現了類似物品，但這些耳飾是生者使用的物品，用完後丟在院子裡。如果不知道文物的確切出土地點，我們很可能會誤以為這些耳飾是「陪葬品」——和死者遺骸一同出土的物品常常被安上「陪葬品」之名。然而我們不應該妄下定論，我們必須理解物品也有自己的生命史，經歷了被製作、使用、丟棄的過程，人與物之間的經驗和連結也會隨著不同階段而改變。

古代人類生活遺留下來的痕跡既脆弱又破碎，研究者盡力挖掘箇中意涵，將各種痕跡當成多重類別的證據。[2]考古流程的第一步是建構出物質遺留（material remains）的實際環境脈絡，不論當代考古學家是在田野中步行踏查、檢查地表是否可以看到早期人類生活遺留下來的物品，從而發現遺址，或是在遺址發掘的過程中，考古學家都必須仔細記錄每樣遺物的出土位置。遺物的意義來自與其他遺物的關聯，一旦脫離脈絡，遺物也就失去了大半意義。

這些線軸形耳飾是從家戶出土，這個脈絡資訊會從各方面影響我們的詮釋。所謂的住家，是人們日常作息的地方。「家戶」是一種脈絡類別，讓我們能夠對照不同住家的共同點，釐清特定住家的某些不確定之處。不過即使外觀和其他住家極為相似，出土線軸形耳飾的這個家戶仍然自成獨特脈絡。理解遺物時，必須思考對於生活在這間屋子裡的人來說，這些物品在他們生活中占有什麼樣的地位。因此光是指出耳飾是家用品還不夠。不論是哪一間住家，居住者都可能有老有少、或窮或富，社會影響力不一而足，也可能占據不同的政治地位。同一個屋簷下的居民在年齡、財富、地位上的相異處，重要程度不亞於他們身為同一家戶

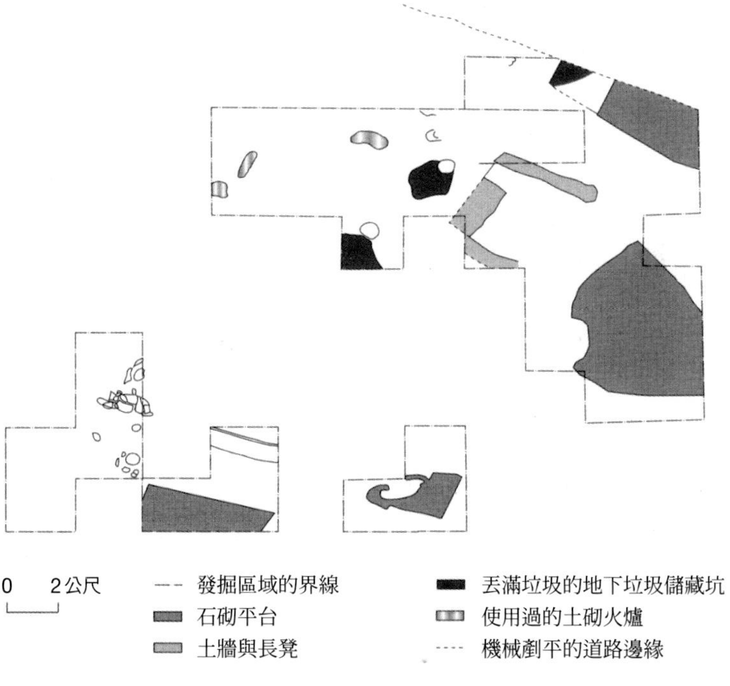

圖十二｜房屋牆壁、屋外火爐以及屋外塞滿垃圾坑洞的痕跡。宏都拉斯埃斯孔迪多港的二號發掘處。

成員所共享的相同處。年齡、性別、技藝嫻熟度與社會關係等各層面的差異，都可能影響成員在家戶中的地位，他們和耳飾等物品的互動經驗與使用情境也可能極為不同。

從耳飾碎片的出土脈絡，可以知道這些線軸形耳飾是在特殊集會後遭到丟棄。之所以能做出這個詮釋，是因為紀錄顯示耳飾和丟在坑裡的其他物品有所關連。坑裡還發現了破碎的瓶罐和碗盤，皆帶有精緻裝飾，製造與燒製所費不貲，卻同時被使用、打破並丟棄。坑中散落的獸骨顯示，大家在集會上也享用了各式各樣的肉類，鹿肉也是其中之一，鹿是當時人們獵捕的當地動物裡體型最大的野獸。[3] 坑裡發現了盛裝食物用的陶製容器、獸骨、線軸形耳飾，從三者的關連可以推知這些是特殊場合上慶典盛宴過後的垃圾，儀式與盛宴一同舉行，儀式上使用了線軸形耳飾，用完之後便將耳飾丟棄於此地。

位置以外的各種脈絡

物品被遺留在哪些位置只是考古脈絡的一部分。世界上每個地方都與其他地方有所連結，考古學家可以運用不同的線索，例如物品的化學成分找出物品原料的來源，而串出不同地點之間的關連。不論在哪個時代，居住在不同地點的人群都隸屬於更大地理的網絡，而這些都是重要的空間脈絡。

這些線軸形耳飾被丟棄的時間點則是脈絡的另一個環節，能夠幫助考古學家判斷在文物出土地以外的更廣大空間脈絡裡，哪些可以是相關的證據。瞭解文物的空間與時間脈絡之後，考古學家常常利用同一時期、同一地點的文本再現（representation）或視覺媒材再現，為想要詮釋的文物創造出另一種脈絡。

佩戴線軸形耳飾的傳統始於西元前一千年，至少延續了兩千五百年之久，根據這些時空脈絡，我們可以知道這批耳飾的時代正值漫長耳飾佩戴傳統的中期。有些較早和較晚的小雕像擁有精細立體細節，可以看到圓柱形飾品穿過雕像的耳朵，這些飾品樣式就類似我們在垃圾坑裡發現的線軸形耳飾。有些小雕像的立體細節不清楚，只能看到耳垂上有個中間空心的環。雖然從雕像的正面造型不能看出耳飾長型的圓柱形狀，但合理推論這是以約定俗成的手法來表現同樣的線軸形耳飾。

如果我們能夠理解及詮釋再現所運用的慣用手法，這類視覺再現就可以告訴我們物品當時的使用方式，上面省略耳飾立體細節的雕像正是一例。同理，如果有文字紀錄可考，考古學家就能參照特定物品與人類行為的描述，更瞭解這些物質遺留。但不論是文本或圖像的再現，再現都是為了其他理由而誕生，因此或許只有物品的一部分用途會被再現，也不是全部的物品及行為都會被再現出來。我們必須嚴格檢視再現，確保根據再現所做的詮釋不是過度解讀，也不會在缺乏獨立證據支持的情況下斷言再現代表了典型案例。

西元四百年，這些線軸形耳飾被丟棄在埃斯孔迪多港的垃圾坑，耳飾佩戴者必定是村莊居民的一分子，村人起造了建築、在火爐生火、使用完陶器丟在垃圾坑。至少從西元前一千一百年到西元前兩百年左右，這個地方幾百年來一直在製作佩戴線軸形耳飾的小雕像。之後大約在垃圾坑出現後的兩百年內，居民以不同技術和不同的再現慣用手法製作出新的小雕像，新的小雕像一樣刻畫了佩戴耳飾的人類。但是在這中間的幾百年，包括西元四百年打破及丟棄耳飾的盛會舉行之際，我們看不到製作小雕像的證據，也看不到人們佩戴耳飾的視覺圖像。

我們必須謹記，協助後續詮釋的「再現的」製作年代和線軸形耳飾實際使用的時代是有差異的，畢竟物品的使用方式可能會隨時間改變。佩戴耳飾是連綿不斷的傳統，但配戴耳飾的再現製作卻出現斷層，這點提醒我們，再現從來就不只是實際事件的單純紀錄，也帶出了幾個我們必須回答的問題。這一地在之前及之後的時代都出現了佩戴耳飾的視覺再現，也許表示在前後的時代，佩戴耳飾都是必須公開紀錄及評論的議題。西元四百年左右村人在此使用及丟棄耳飾時，沒有展開類似的公開視覺對話。他們也許進行過不會留下物質痕跡的口頭討論；另一種可能則是，在這場集會發生的年代，大家已經認為日常及儀式上佩戴線軸形耳飾是理所當然、天經地義，不太構成需要評論或辯論的議題。

我們在設法解釋垃圾坑裡出現的東西時，原本也許不會想到的問題，在脈絡關聯的討論下一一浮現。根據不同證據所建立的脈絡關聯可以揭示哪些假設是有待商榷。因此考古學的一大核心過程就是系統性蒐集空間、時間、視覺等各方面的豐富脈絡資訊。

器物的使用脈絡

考古學家不只考量物品被丟棄或是發掘時的空間脈絡，探索過去物品的使用脈絡是強化解釋的另一種方法。重新建構古代文物的使用脈絡是考古學家最艱鉅的任務。要瞭解物品的使用方式，考古學家不能只依賴視覺再現或文本再現，他們需要的線索其實來自丟棄物的磨損痕跡、仍然附著在丟棄物或建築上的殘留物，甚至是人們日常生活場所看似平凡無奇的地景。這些考古遺跡是能夠說明物品使用生命史的證據。[4]

在看似平凡無奇的房屋院子裡，其實散布了不同含量的磷酸鹽，等待考古學家測量。這些化學物質是人類曾經在這個空間生活的線索，除此之外我們看不到任何人類活動過的痕跡。考古學家從同一個院子裡仔細收集土壤，放到顯微鏡底下觀察，也許會發現玉米的澱粉粒，表示院子裡進行的工作之一就是料理玉米等食物。針對採集到的土塊進行類似的顯微觀察時，或許可以在土壤的層層微結構裡，再進行類似的顯微鏡觀察，也許會發現掃帚鬃毛的痕跡，那是為了掃除料理結束後玉米殘留的碎屑而產生的打掃痕跡。

考古學家發現及研究的文物處於物品生命史上使用期已經結束的階段，物品不再被使用可能是因為已經損壞，被當成垃圾丟棄，就像埃斯孔迪多港垃圾坑裡發現的瓶罐跟碗。

另一個可能原因是物品雖然還完好無缺，但不再用於日常生活，而是放進墓葬、墓地或儲藏處，這些例子就是考古學家所說的「結構性堆積」(structured deposit)。不論是哪一種情形，考古學家發現的物品都提供了線索，學者專家可以從中辨識出物品的使用生命史。

陶器碎片可以看到陶片剖面的顏色，帶狀的灰色或黑色表示燒製時間不夠長，或是溫度不夠高，無法將陶土的有機碳元素全部燃燒乾淨。陶器碎片邊緣帶有小沙粒、石頭碎片，或是火山玻璃小碎片等來自外地的物質，這些可能說明了陶土的採集地點，或是陶土混和製備的地點。至於陶罐盛裝過的液體，雖然肉眼看不見，但黏土孔隙裡可能會有液體殘留物，辨識結果也許會分析出咖啡因及可可鹼，都是可可類飲料特有的成分。這些物質痕跡讓我們能夠重建物品完整的生命史，從陶土等原料的採集，到器皿的燒製、使用，以及丟棄的過程。不過重建物品生命史是相當複雜的工作，我們要從物品線索推敲出事實，再一步步連結到我們希望訴說的人類故事，中間各種脈絡無不舉足輕重。

不論古人是丟棄了物品還是刻意將物品放進結構性堆積，物品至此都不再流通使用，但是從這一刻直到考古學家發掘出物品為止，中間可能會經過幾百年、幾千年以上，這段期間物品未必會一直留在原地、保持原貌。自然界的雨水、風蝕，或是穴棲動物的行為，都可能會侵蝕古代遺址的土壤，將土壤重新堆積到他處，也可能會將更多土壤堆積到遺址上。人類也可能會挖起泥土移到別處，或是從別處搬來泥土掩埋某地，造成地貌改變。

人類活動的遺址經歷了自然力量和文化力量的改造，重建過去樣貌的任務因此變得更加棘手。當代考古學家發展出一系列輔助描述堆積史的專門方法，第一步是徒手細心發掘，詳細記錄每樣物品的位置，這些豐富細節使得製作平面的重建地圖以及立體的重建模型成為可能。精確繪製的模型和地圖可在不同尺度疊合，使得考古學家能夠針對廣大區域、個別聚落、聚落內各區域等不同大小範圍檢視物品的分布情形，有時候甚至可以鉅細靡遺到理解個人行為的堆積（圖十三）。

揭開過去的面貌

西元五世紀的埃斯孔迪多港人是住在河岸的農民，河流從遠方上游山脈帶來沖積物，定期滋潤田野。村民以柱子撐起茅草屋，利用當地的黏土製造了各式各樣的日常生活用品，就連屋子的牆面都抹上細黏土。至於在廚房、園圃、森林裡使用的切割工具，工具的石材原料來自附近地區或遠方岩場。他們製作的物品也有一部分會送到鄰近村落的人家，或是送到更遠的地方，這些遠近地方都與當地有社交往來。偶爾可以看到村民準備慶典佳餚，邀請遠朋近客一起大快朵頤。

我們怎麼得知這些細節？考古家可以利用特定的方法將遺址的在地脈絡與更大的空間脈絡連結一起，不論村莊、鄰里、房屋、探坑，還是探坑的某一層。分析人們過去使用

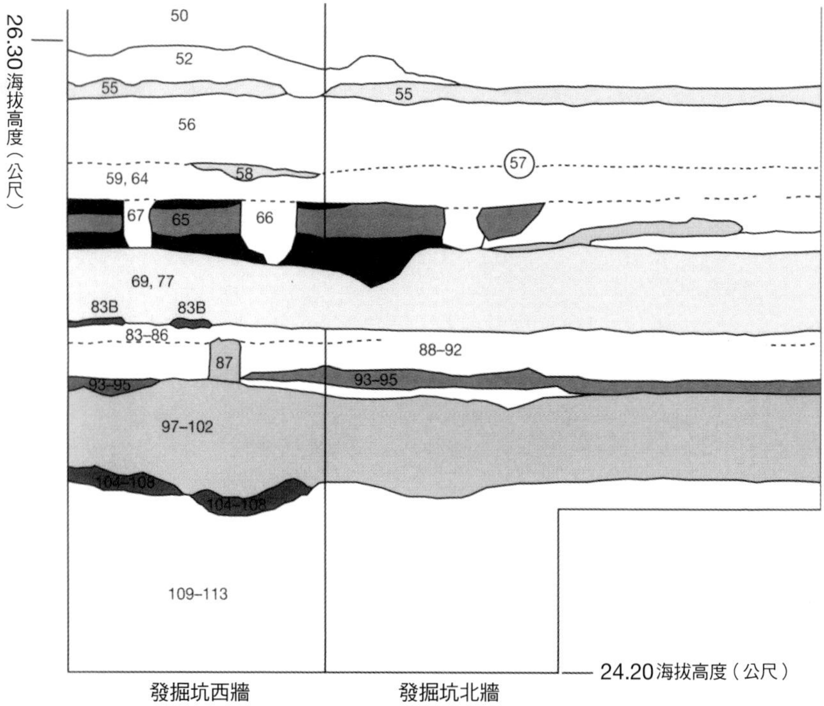

沉積史

50	平台4C-1的填積物（一間灰泥建築），最高海拔27.60公尺
52	建築4A-1燒毀崩塌的牆壁
55	從建築4A-1牆壁剝落的黃土，表面海拔高度26.10公尺
56	建築4A-1地板下的填積物
58	建築4A-3的薄黏土層，底下是受到侵蝕的地表
57	受到侵蝕的地表，表面海拔高度25.85公尺
59, 64	建築4A-3地面下方的填積物
66, 67	貫穿多層廢棄物層（來自建築4B？）的坑洞，裡面有腐爛中的有機物質
65	富含有機質的廢棄物層
69, 77	堆積物下的填積物
83B	柱洞群4E-1的黏土覆蓋物
83	古地表，表面海拔高度25.35公尺，建築4E-1蓋在上面
84-86	古地表下的填積物
87	柱洞，建築4E-2的海拔高度25.28公尺
88-92	建築4E-2地面下方的填積物
93-95	充滿廢棄物的薄黏土層，位於古地表，海拔高度25.15公尺
97-102	河流帶來的堆積土壤
104-108	侵蝕古河岸的坑洞
109-113	古河流的堤防

圖十三｜埃斯孔迪多港四號發掘處辨識出的堆積物時序。單位為海拔高度（公尺）。

的物品，可以看到器物原料的來源往往具有略微不同的化學成分組成。有時可以據此追溯出原料的實際產地，最起碼則可以概略辨識出類似原料的分布區（圖十四）。[5]例如在宏都拉斯的探坑中，跟線軸形耳飾一起出土的石器是以黑曜石（obsidian）製成，這是一種火山噴發所生成的黑色玻璃。這種天然玻璃的化學組成會有少許差異，考古學家由此得知埃斯孔迪多港人製作切割工具的原料既來自鄰近地區，也出自遠方產地（圖十五）。[6]學者以類似方法分析大理石製品，得到的進一步證據指出，居民也使用距離遺址更近的原料製作物品。[7]

我們也可以用類似方法分析陶製線軸形耳飾的成分。不過因為陶器的製作過程會混和陶土和其他物質，因此陶器的獨特化學組成代表的是製作工坊的獨家印記，不是代表原料產地。這種工坊的獨家印記是強而有力的證據，證明不同聚落、不同地區，或是同一聚落不同群體之間曾經交流往來。[8]

分析化學組成等類似方法潛力無窮，有機會幫助我們更深入瞭解古人的個人生活。動植物由於棲地環境不同，攝取食物、水分、空氣後又各以不同方式處理其中元素，因此體內的各種化學元素及同位素比例會產生差異。人類食用動植物的同時，也就把這些元素吸收進體內。原始食物來源裡元素豐富度的微量差異被保留下來，呈現在人體的骨骼及牙齒。考古學家透過一組元素，就能知道一個人的飲食裡有多少比例來自植物、多少比例來

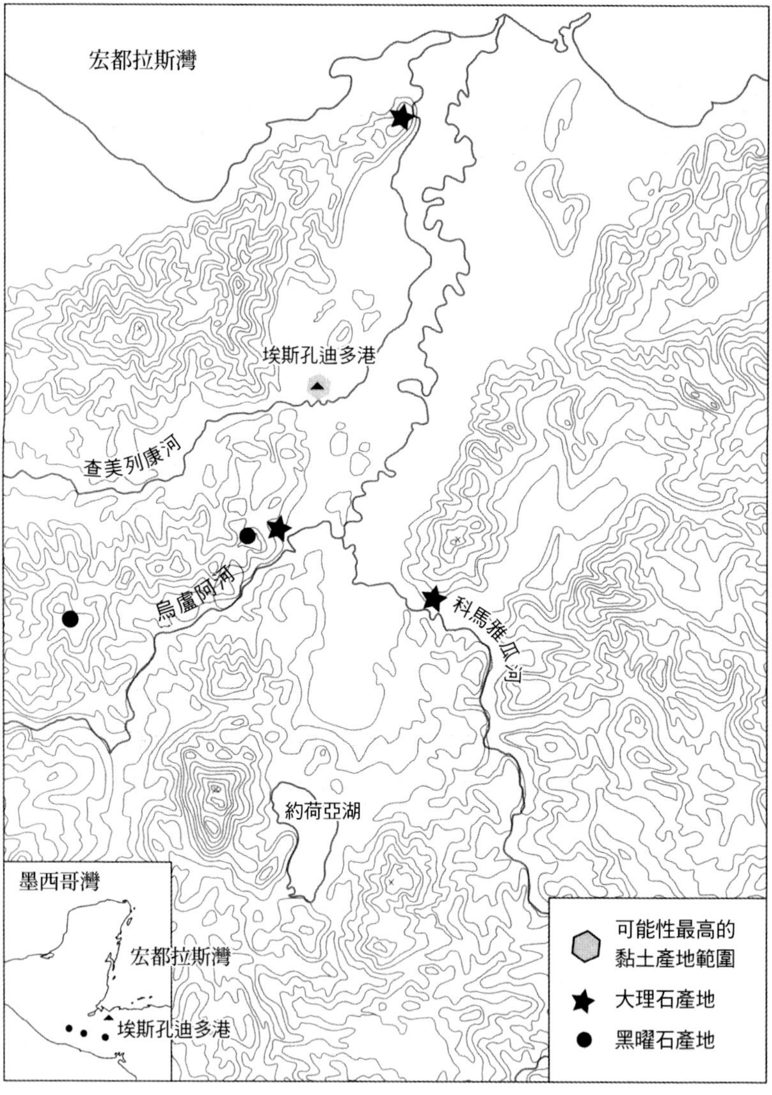

圖十四｜埃斯孔迪多港使用的黑曜石、大理石、陶土的可能產地位置

自動物，也能分辨出哪些飲食型態以海水魚和海洋生物為主，哪些則以陸生動物和淡水魚為主（圖十六）。考古學家最近運用另一組元素，可以開始探討人們是否曾在生前居住在不同的地區。[9]

即使人類活動留下的證據只有土壤中化學成分的變化，除此之外完全無跡可尋，化學分析也能讓考古學家看出特定區域使用過某物的痕跡。[10]人類離開一地時，一般都會把手邊還堪用的東西帶走。留在原地的除了建築遺跡以外，多半都是人類活動的副產品。料理食物、磨利工具、製作陶器，種種人類活動都會留下微小殘留物，考古學家可以收集這些殘留物，跟植物種子、花粉甚至澱粉粒等現代樣本互相比較，藉此辨識出可能的物質。[11]人類經常在特定

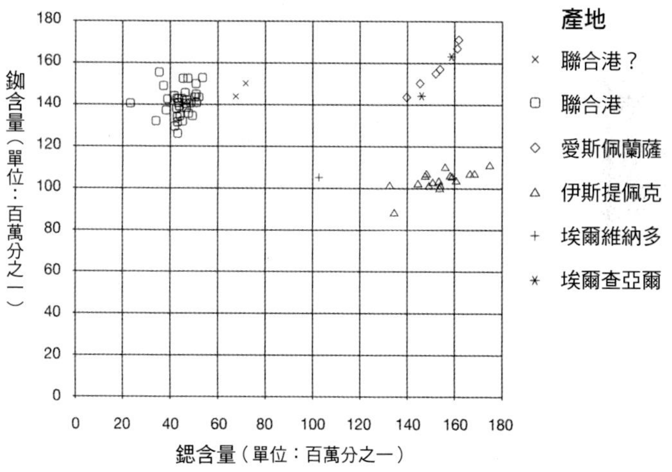

圖十五｜根據化學組成分析結果，
判斷埃斯孔迪多港五號發掘處出土黑曜石的各個產地。

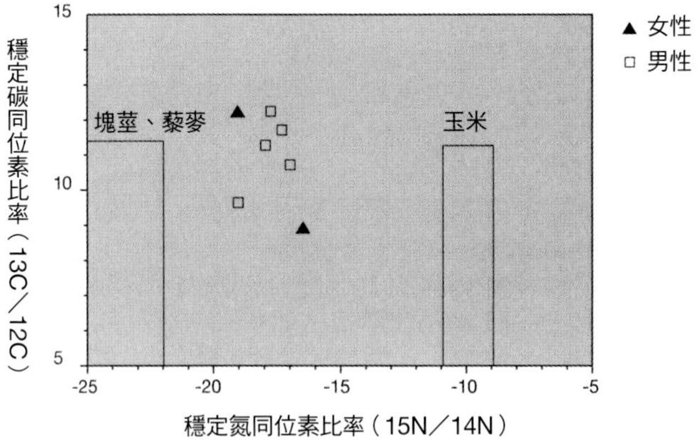

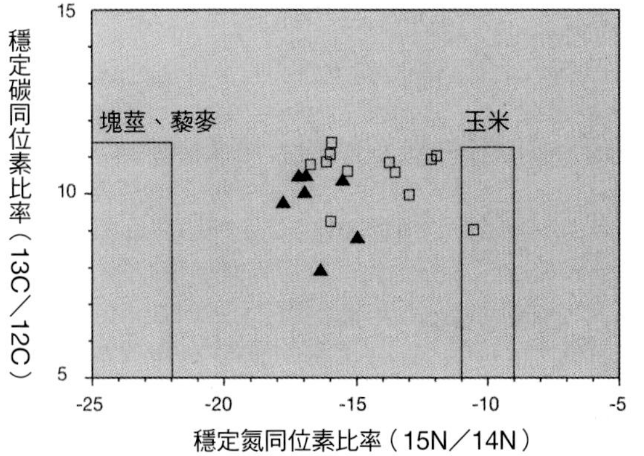

圖十六a及圖十六b｜

根據骨骼同位素研究所繪製的祕魯上曼塔羅河谷（Upper Mantaro valley）男女飲食情形。原本男女兩性的飲食並未因性別而異（圖十六a），但是印加帝國征服此地後情況發生變化（圖十六b），在征服後的時期，男性食用了更多玉米。

的地點重複進行各種活動，由於人類活動可能會運用或產生帶有獨特化學組成的物質，當重複在特定地點工作時，將會改變局部土壤的化學成分。即使只是人們暫時停留在某片土地，土壤也會因此沉積特定化學物質，過程類似刻意在園圃施肥——施肥也是一種考古學能藉由測量土壤不同化學成分而辨識出來的人類活動，施過肥的土壤除了化學成分以外沒有其他特徵可資辨認（圖十七）。

考古學詮釋的可靠度，建立在綜合考量多種不同證據所共同構成的基礎上，一方面排除較不可能成立的詮釋，一方面強化較合理詮釋

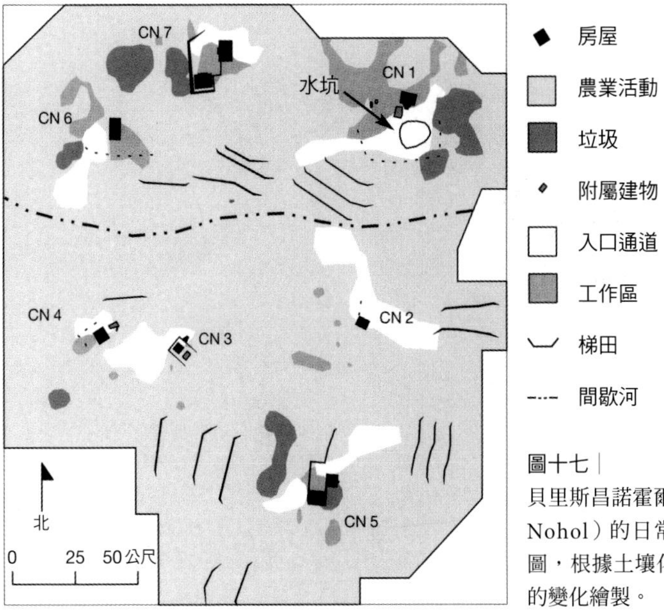

圖十七｜
貝里斯昌諾霍爾（Chan Nohol）的日常活動地圖，根據土壤化學成分的變化繪製。

的依據。然而就算是最完善的考古學詮釋也不會自稱有百分之百的把握，新資訊隨時可能改變事情的全貌。考古學家努力說明過去人類的生活，儘管他們的研究對象生活在距今遙遠的過去，條件和當代極為不同，我們自身的經驗無法提供直接的比較基礎，但是考古學家還是能告訴我們哪些解釋比較可能成立，哪些則是天方夜譚。考古學家仰賴的基礎正是這套方法學，考古方法讓他們有能力討論古代人類生活的各種面向，包括其生活可能如何塑造性別差異，性別差異又如何塑造生活經驗。

從考古學角度理解性與性別

古典馬雅城市位於今天墨西哥、瓜地馬拉、貝里斯、薩爾瓦多、宏都拉斯境內，當十六世紀由歐洲文字第一次紀錄關於馬雅人群時，古典馬雅城市已經荒廢了至少五百年之久。早期西班牙文獻以及二十世紀同一地區的馬雅民族誌，都提到男性與女性之間具有非常明確的勞動分工。男性負責下田耕作，近年來則受雇於商業種植園或從事其他工作，賺取薪水。女性則待在家園，利用石磨工具料理日常食用的玉米，使用的工具包括磨石（manos）、磨台（metates）、陶製或金屬煎鍋（comales），以及瓶瓶罐罐。除了料理玉米，有些社群的女性會紡線與紡織精美布料，有些社群的女性會製作陶器。在解釋考古遺址時，考古學家也會參考這些資料，尋找古代性別關係的詮釋方向，這種做法可說是有利亦有弊。

二十世紀末的考古學家如果想要研究性別，尤其是如果想要找出過去遭到忽視的女性身影，他們認為第一步是先找出特定脈絡，搜尋脈絡中可能蘊含的獨特跡象，藉此追溯出某一性別群體。[12]舉例來說，早期研究家戶的考古學家利用食物料理工具的分布（例如馬雅人的磨石和磨台），指出房屋及院子的某些區域是屬於女性的空間。這種尋找女性「考古學印記」（archaeological signature）的方法，是從一九六〇、七〇年代的考古學主流方法中自然發展形成。當時的考古學強調，著手進行研究之前，第一步要先建立模型。選擇了偏好的模型之後，考古學家會因此把觀察到的模式解釋成特定過程發生的證據。這種套用模型的研究方法在考古學的性別研究裡依然屢見不鮮，但是就跟其他「印記」一樣，從後見之明看來，運用模型讓情況變得非常棘手。也許模型的最佳用法是當成反思的起點，幫助我們看清楚哪些假設應該重新檢討。

一九八〇年代，文化人類學家筆下的男性及女性活動描述，成為建構考古學模型的主要資料。民族誌研究提供的類比是考古學的一大基石，也是讓物質痕跡說出生活故事的一大力量。但是運用民族誌的類比時，我們需要考慮提供類比的資料來源有哪些問題，也要思考與之對照的考古資料本身有哪些該注意的地方。[13]

類比的理論

民族誌的描述構成了詮釋考古材料的基礎之一，所謂「資料來源」批評（"source-side" critique）強調參考民族誌時必須考慮到民族誌作者本身的局限，例如應該思考民族誌作者進行研究時抱有什麼樣的假設。如果運用民族誌加以類比以瞭解性別，最顯而易見的問題之一是，研究從一開始就預設了每個社會都按照性的二元性（sexual dichotomy）把人分成兩類，二十世紀中葉以來的人類學家普遍抱持這種看法。民族誌作者認定了某些人是男性、某些人是女性，他們習慣按照這個分類來描述自己所認定的男性與女性的差異。如果社會不是以二元分類理解性別，那麼民族誌作者的二元分類可能會參雜社會內部成員視為其他性別的人。如果性別不是社會分類人群的主要依據，在個別男性與女性之間觀察到差異時，雖然民族誌作者認為差異源自性別，但實際上可能是反映其他區分，比如年齡、社會團體、族群、種族地位、技能等等，人們看待彼此的身分認同時，這些因素都可能比性別更重要。不論差異是源自哪一種性別以外的因素，民族誌資料可能還是會就男女之別進行描述，描述雖精確，其中的差異卻不是性別所致。[14]

考古學家就跟民族誌學者一樣，常常也在展開研究時先預設了古代社會男女有別，因此他們最初並未注意到民族誌類比本身資料來源的缺陷。運用民族誌加以類比時，考古學面臨的難題不只於此，因為這些難題對於性與性別的模型會產生不成比例的影響。若要選擇現有的社會型態當作模型，必須說明身為類比對象的民族誌與考古研究對象之間有一定的對應性，才能證明這個選擇有道理。考古學於是發展出特定和普同這兩種主要類比方式，至今依然是考古學不可或缺的一部分。但是這兩種方法今天也必須接受嚴格檢視。

當我們知道古代社會和某個民族誌描述的群體擁有歷史連結時，也許能夠根據歷史的連續性來類比古今情況。不過從考古研究對象生活的時間，到民族誌作者觀察其後代的時間，中間當然可能發生許多變化。我們必須體認到歷史造成的影響，也要盡可能從模型中去除這些因素。

類比的實踐

十六世紀到二十世紀的歷史記敘與民族誌描述被當成建立古典馬雅城市裡女性角色模型的基礎，但是這些文本最早書寫的時間距離城市荒廢之際已有幾百年之久。學者參考這些文本時，未必會考慮到中間曾經歷過重大變遷：先是西元一千年前後，古典時代晚期的馬雅社會重組，進入後古典時代社會；再來是十六世紀以降西班牙人的入侵征服；到了近代則是各國從西班牙獨立，整合進全球經濟體系。這些歷史發展創造出新的勞動市場，導致男性出外工作，因此近代模型無法準確描述古代男性的行動。有些改變可能導致農業模式重組，甚至影響了食物的料理方式——這是考古學家辛西亞・羅賓（Cynthia Robin）深入研究的主題。一般的假設認為馬雅人必定是由男性負責下田工作，由女性負責家務，羅賓證明了這個假設很可能站不住腳。另一個假設認為陶器製作完全由女性負責，檢視歷史變遷也讓人開始懷疑這個假設是否成立。更重要的是，這些民族誌及歷史記載出自歐洲人筆下，而歐洲政治體系認為女性不握有也不應握有政治、經濟、社會上的權力，歐洲的社會結構只將權力分配給男性。寫下歷史敘述及民族誌描述的歐洲觀察者將性別不平等視為理所當然之事，根據這種假設來詮釋其所見所聞。考古學家茱莉亞・亨頓（Julia Hendon）檢驗證據後提出了相反的見解，亨頓指出古典馬雅科潘（Copán）的女性會透過製作織品等方式累積社會地位。亨頓說明，不同於今日社會，布料是當時社會的主要價值標準之一，因此在這樣的背景下，紡織是創造寶物的方式，也是建立政治同盟的關鍵：布料是統治家族之間彼此饋贈的禮物，也是低位領主向高位領主輸誠的貢物。[15]

如果古代社會與民族誌類比對象之間不具有直接的歷史連結，考古學家可能會尋找經濟型態及社會不平等程度類似的群體，進行普同性類比。過去認為社會尋求生存之道時，物質限制會迫使社會只能用少數幾種方式組織社會生活，正是在這種想法的影響下，才會強調以生活的物質條件作為普同性類比的基礎。然而考古學家很快發現，物質世界固然為社會的生存設下了限制，卻絕少迫使社會只能以某幾種類似途徑發展。就算是同樣身為採集者（或農民）的人群，彼此之間依然充滿各種差異，由此可見，絕不可能只憑著經濟型態類似，就認為可以直接把一個群體當成另一個群體的單純模型。

普同性假設

儘管如此，考古學性別研究的初步研究方法卻往往奠基於這種假設，認為經濟型態類似、社會不平等程度相仿的社會理應會有男女勞動分工。研究從二元性別的模型出發，認為生產活動的工具及殘留物的分布，可以證明工作任務分成兩類。除非另有證據指向不同結論，否則學者就認為這種二元工作畫分反映了男女各自負責不同任務。如果民族誌的觀察指出，社會上最常見的任務是分屬男性和女性的工作，學者就會認為男女二元分工的結論很有可能成立。

於是乎討論早期人類史時，一般認為狩獵是男性的工作，採集是女性的工作。考古學家因此認為歐洲舊石器時代遺址的洞穴壁畫是出自男性畫家之手：壁畫幾乎都是以動物為主題，理應是獵人感興趣的題材，既然獵人想必是男性，作畫者自然是男性。在這種假設裡，女性固守家園附近，完全由男性組成的狩獵團體則出外打獵，把獵物帶回家。

至於早期農業社會，一般認為最可能是由女性負責耕種（儘管大家很少認為女性是馴化植物的功臣），同時男性繼續透過狩獵及畜牧供應肉類。在早期村落，一般認為女性負責製作陶器，男性負責製作石器。傳統的考古學模型往往假設，隨著農業集約化、某些城市社會的生產模式也更加工業化之後，男性將會取代女性。這些模型認為，男性會控制勞動成果、收割一切利益，甚至會強占女性的工作成果。學者提出了對應這套經濟分化假設的一系列社會生活相關推論，推論全都認為，一旦經濟更加階層化，男性的權力與控制權也會隨之上升。[16]

這些推論無一不來自考古學家觀察到的二元性：考古學家認為從人類各種活動留下的物質痕跡的考古分布，可以觀察到二元化現象。為了找出女性的身影，考古學家努力辨識專門由兩種群體各自負責的兩種工作，於是無意間也將一種性別經驗投射回古代：活在二十世紀末工業社會的大家最熟悉的那種性與性別的二元模型。[17]

一些考古學家至今依然認為，二元的性（sex）對應二元性別（gender）是理所當然的模型，畢竟「性」的二分是斬釘截鐵的事實。但事實上生物研究指出，一般而言，不管是在人類還是動物身上，「性」都不能簡單二分。

從生物學角度理解性與性別

據生物學家估計，每一千五百名到兩千名新生兒，就有一人出生時生殖器官明顯不符合傳統的兩性分類標準。一九九八年，美國每一千名兒童就有一到兩人在醫生判定為必要下動了改變生殖器官的手術，方能符合傳統的兩性分類標準。如果按照不同判斷標準，雙性新生兒的人數甚至可能更高，最嚴格的規範式標準認為所有人類生理上都應該屬於明確二分的男性或女性之一，高達百分之一的人不符合這個標準。[18]

一九七〇、八〇年代，一些人類學家和考古學家意識到性與性別的二元模型不符合某些社會討論性別差異的方式，因此努力設法重新定義性、性別，以及性與性別的關係，希望能涵蓋在不同人類社會觀察到的真實多樣性。新定義往往將性描述成男性與女性之間自然的生理差異，性別則是社會根據生理差異賦予的認識。這種研究方法容許不同社會擁有兩種以上的性別，但性別永遠只是建構或詮釋，衍生自根本且真實的二元的性。由此引申的結論往往認為，性別不像性那麼真實，對於人類生活也比較無足輕重。[19]

這些研究方法用「性」一詞來表示生理特質，但這麼做一樣有問題。這種用法的原意是想把「性」當成自然的先天事實，扮演社會與文化分析中的穩定因素，但是性其實更複雜。歐美社會的通俗模型認為兩種性是生殖的「必須」條件，因此人要不是男性就是女性，許多考古學家也仍然認同這種觀念。只要把所有形式的體外人工受精及代理孕母都視為不自然的情況而排除在外，把卵子提供者當成女性，精子提供者當成男性，那麼模型就能成立。但是性的二元模型忽略了有些人的生殖器官無法分類成女性或男性；模型既然自稱奠基於自然生理的二元分類上，不能碰到不符合簡單二元分類標準的人就直接說他們「異常」，不算數。統計學上罕見的個體仍然是活生生存在的人，況且說某些人「正常」、某些人「異常」，這根本不是生物學，而是意識形態。即使我們按最保守的估計去推算，古往今來的大部分人類社會都擁有夠大的族群，足以出現無法按照性的二元分類簡單歸類的實際生理變異。

一旦我們改變標準，尋找其他標準來定義「性」，就會更清楚看見多元的實際情形。主張人類有兩種性、性也只有二元分類的說法，往往以生殖解剖學當作論述基礎，同時也常說染色體性別和性荷爾蒙一樣分成兩種，藉此加強論述。然而探討人類染色體性別變異的廣大文獻提到了許多案例，指出有些人的染色體性別既非ＸＸ（規範的女性），也非ＸＹ（規範的男性），可能是ＸＸＹ等其他情形，這類案例一樣是每一千人到二千人之中就會出現一人。染色體性別變異的個體可能會有三條而非兩條性染色體，於是有些人會展現不同的發育模式，有些人則不會表現出明顯差異。即使某人的染色體模式屬於規範的女性或規範的男性（性的二元模型視為「正常」的人），身體也可能發育得不像擁有同染色體模式的人，反而更像擁有不同染色體模式的人。從體型、聲音到生殖器官等等，個人的身體發育牽涉到雌激素、睪固酮等性荷爾蒙的影響。通俗觀念裡常說有所謂的男性荷爾蒙與女性荷爾蒙，但事實是每個人不分男女，都會分泌影響性解剖結構與發育的「男性荷爾蒙」及「女性荷爾蒙」。人的荷爾蒙分泌會隨年齡不斷改變，也可能因應環境因素及單純的身體運動等行為而產生變化。不論是生理構造、染色體還是荷爾蒙，沒有哪一樣符合簡單的二元分類。

因此，說「性」是生理造成的差異也許完全正確，但是說人類天生只有兩性（或是二以外的數字）完全是另一回事。生物變異性以複雜又多樣的形式呈現。那麼如果我們不能建立幾種固定類別，把每一個人都歸進終生不能變動的某一個類別裡，我們又要怎麼思考生理的性？

思考生理差異更務實的辦法，是把我們已知的變異性全都視為連續性存在，不再視之為斷裂的差別：也就是說在變異性的範圍內，人人都在連續光譜上占據了某個特定位置。對於性的各種生理面向，不只是生殖結構、染色體、荷爾蒙，也包括體型大小或是男性氣質等差異，我們可以想像每個面向各有不同的連續光譜，也可以想像同樣的人在不同連續光譜上各有不同位置。這些差異都是真實的存在，有些是類別的差異（例如XX、XY、XXY等染色體性別的分類），有些是連續性差異（例如不同荷爾蒙的多寡或身材的高矮）。有些差異終其一生固定不變，有些差異隨著年齡不斷變化。基於性的生理差異會對人類生活造成實質影響，但不表示人類一定會因此想要按照某種方式將人分類。

人類固然具有生理上的變異性，但這未必表示生理差異會決定人類區分自我和他人的標準。在某個歷史或社會環境，身體媒介的經驗可能十分重要，但換到其他環境卻可能成了不受重視或次要的經驗。我們不能先入為主假設過去的人就跟二十世紀末的人一樣，同樣看重某些生理面向的經驗。一旦體認到這點，我們就會發現過去成了更有意思的地方，充滿變異的性與性別在過去可能擁有什麼面貌，是值得深究的議題。二元的性與性別模型影響了我們對於過去人類生活證據的看法，我們必須挑戰這些影響，才能瞭解過去能帶給我們什麼樣的啟示。

CHAPTER

2

女神、母權制、男心女身

挑戰範疇式的性別研究法

一九四〇年代，磚頭工人在墨西哥市南端的特拉蒂爾科（Tlatilco）開採原料之際，挖出了人類墓葬，最後確認這些墓葬可以追溯到早期村落時代（約西元前一千一百年到西元前七百年）。[1]部分墓葬也出土了陶器、小雕像等物品。墨西哥藝術家米格爾・科瓦魯比亞斯（Miguel Covarrubias）及其他學者認為，這些徒手塑造的人類小雕像反映了製作者的生活與信仰。一些小雕像呈現細腰、寬臀、胸部拔尖的造型，研究者和收藏家將之冠上「美人像」（pretty lady）的稱呼（圖十八）。就跟歐洲舊石器時代的小雕像一樣，特拉蒂爾科的小雕像也被當成不言而喻的女性豐產圖像。雖然兩地的社會經濟條件大不相同，但是許多學者認為，豐產對於早期農村人群就跟對於早期漁獵採集者一樣重要。[2]不過這種說法沒有考慮到墨西哥的早期漁獵採集者顯然從未製作過小雕像——為什麼豐產在墨西哥農民眼中是重要議題，但是他們採集維生的祖先卻覺得沒那麼重要？

在特拉蒂爾科墓葬發現初期，由於收藏家大量渴求新出土的藝術品，迅速掀起的熱潮導致超過兩百個墓葬遭到非正式發掘。考古學家盡力搶救資料，也快速採取行動，墨西哥考古學家展開了好幾季的仔細發掘工作，一直延續到一九六〇年代。[3]除了先前記錄的墓葬，他們又發掘了超過兩百個墓葬，也在當地空間脈絡中準確記錄了墓葬位置。

墓葬的出土必然會勾起一個問題：發現墓葬的地區是否專門用於埋葬死者（換言之，這裡可以說是一座墓地嗎）？還是居民其實生活在這裡，把死者埋葬在住家附近（墨西哥古代社會相當常見的一種現象）？根據考古學家記錄到的人類居住的其他痕跡，像是院子裡原本挖來儲物用的坑洞等等，特拉蒂爾科的墓葬當年位於房屋群落的中間和四周。最初的發掘情況可能會讓人誤以為這片區域是墓地，不過脈絡紀錄顯示這裡是居民活動的村落。

考古學家詳實記錄了搶救的墓葬以及後來發掘的案例，北美考古學家保羅・

圖十八｜墨西哥特拉蒂爾科典型的「美人像」。

托爾斯泰（Paul Tolstoy）及其同事得以據此做出觀察與詮釋，他們指出，此地下葬的死者，入土時間前後橫跨好幾百年。托爾斯泰發現死者的待遇落差極大，墓葬內陪葬物品的性質與數量是指標之一。[4]多數墓葬沒有任何陪葬品，至於少數擁有陪葬品的墓葬，最常見的陪葬品是一個或多個罐子。極少數墓葬擁有作工精細的稀有舶來品，像是用拋光鐵礦石製成的鏡子。托爾斯泰以及延續其分析路線的墨西哥學者瑪莉・卡門・賽拉（Mari Carmen Serra）和杉浦洋子指出，罕見物品及最大量的陪葬品都是從埋葬深度較深的墓葬出土，墓葬愈深就需要花愈多力氣挖掘。[5]他們的結論是，這個早期農村已經出現了一定程度的社會不平等，一部分人能夠指揮他人為其效力，能夠收集作工精細的稀有舶來品（自然也就更珍貴），也能將大量財物拿來陪葬，不再做日常的流通使用。他們認為陪葬品最多、品項最稀奇的墓葬，墓主可能就是村落社會中地位最高的人。

幾位學者運用了田野及實驗室分析，將墓主分成男性或女性，以觀察男性或女性在高低地位墓葬的分布頻率；這是類似考古研究的常見做法。由於分析進行時，體質人類學專家的研究結論尚未出爐，因此墓主男女性別的辨識只是初步結果。某些案例並未進行生物分析，而是判斷陪葬品應該是專屬於男性還是女性之物，由此分類墓主的性別。托爾斯泰發現的模式顯示，女性在村落中地位較高，也是長居此地的社會團體核心。高地位墓葬裡男性墓葬較少，托爾斯泰認為男性可能是因為婚姻而遷入村莊。分析結果顯示，特拉蒂爾科很可能是母系社會，村落裡握有權威的是女性。

根據托爾斯泰對特拉蒂爾科的詮釋，我們不得不反思這個村落裡性與地位的關係：如果就像墓葬指出的，女性擁有較高地位，那麼她們是否也壟斷了社會權威？儘管人類學家避免使用「父權」、「母權」等詞語，卻無法阻止其他人朝著這個方向詮釋，不少人認為特拉蒂爾科這類村莊證明了女性地位高於男性。但是我們後面馬上會看到，特拉蒂爾科的情況其實更複雜，這同時也是個很好的例子，提醒我們為什麼不應該假設「性」必定是人類過去身分認同裡最重要的一環。

重探特拉蒂爾科的性與性別

托爾斯泰的先驅研究完成許久之後，墨西哥學者發表了特拉蒂爾科超過二百座墓葬的完整清冊，其中包括體質人類學者研究人類遺骸後的性別判定。我想要延續托爾斯泰的研究，於是將這份清冊轉換成資料庫，以統計學方法檢驗墓葬特徵與性之間的關連模式。[6]研究愈是深入，就愈是挑起我的不安：在我檢驗的項目裡，沒有任何一項能夠和男性及女性的變異呈現穩定的相關性，只有幾樣少見的身體飾品和生物研究確定的性別差異呈現弱相關，分別是腰帶和線軸形耳飾（幾位男性佩戴在身上），以及項鍊（出現在女性墓葬的頻率略高於隨機分配）。到底是哪裡出了問題？

體質人類學家和生物考古學家透過成人骨骼的相對大小、頭骨輪廓的厚度、骨盆外形等特徵，來判斷墓主是男是女。這種方法必然只能割捨特徵保存不佳、特徵消失或是因為其他原因難以判斷的遺骸，而且方法也只能用在成人身上，畢竟差異是隨年齡增長逐漸形成，是荷爾蒙多寡以及營養、活動量等因素交互作用下的發展結果。因此考古學家研究墓葬時，往往也會仰賴墓主的陪葬品等證據，尋找他們認為女性才會使用的物品，或是專屬於男性的物品。

然而這裡有個問題：如果我們一開始就打算找出男女之間的差異，當然往往自能找出分辨兩性的方法。但這樣等於是先入為主假設了男女之間的二元區分是最重要的區別，會模糊了古人區分彼此差異時其他更重要的標準。我們前面已經看到，就連生理的性也不是單純的二元分類：依照不同判斷標準，我們可以定義出多種染色體性別，或是根據性的其他指標將人定位在連續光譜上的不同位置。[7]如此說來，我們要問的問題應該是：這個時空環境到底重視哪些分類和區別標準？我的統計分析沒有找到基於「性」的分類模式，不過確實幫我找出了特拉蒂爾科村莊畫分群體的其他方式。

特拉蒂爾科埋葬的死者有成人也有孩童，其中一些還是新生兒。由於科學家判斷性別的特徵依據要經過青春期才會發育完成，所以孩童的性別全都無法確認。至於成人，受限於遺骸保存狀況不佳，或是保存下來的特徵變異程度不夠明顯，也不是所有成人的性別都能百分之百確定。但是即使把這些因素都納入考慮，按照陪葬品數量多寡及種類豐富程度分類的墓葬差異，依然無法對應按照男女兩性畫分的兩種類別。我檢驗了所有能檢驗的特徵，想找出墓葬與性的關係，失敗之後決定改弦易轍，根據手上資料探索一切變異性，看看到底存不存在任何一種可資辨認的模式。結果另一種區別標準立刻浮現：不是性，而是年齡。數量最多、種類最罕見的陪葬品都出現在年輕成人的墓葬。

為什麼會出現這種現象？年輕成人是由遺族埋葬，也就是死者的家人，小村落裡人人都是如此。對生者而言，年輕人是社會的橋樑，建立起家族之間的連結。要是他們還在世，就會生兒育女，團結不同家族，打造家族與家族之間的長久親屬關係。如今他們英年早逝，這些社會關係或者無從發展，或者才剛剛萌芽。我們可以想像，希望強化彼此連結的家族一同舉行葬禮，不只是想強調他們有多重視過世的年輕人，也是想展現他們有多重視透過這些年輕人在群體間建立的關係，或是關係原本可以如何茁壯成長。

至於較年長成人的墓葬，不分性別，陪葬品數量都較少，墓葬之間也看不到多少共同特徵。[8]在中年男女的墓葬裡，最常見的共同特徵是陶製搖鈴珠，通常是在小腿位置出土，可能是跳舞時佩戴在腳上的飾品。中年人的墓葬還出土了更多五花八門的身體飾品。一名三十多歲女性的墓葬裡，陪葬品包括穿孔的動物下顎骨，可以掛起來當作飾品。另一名三十多歲女性的墓葬則出土了骨珠和陶製搖鈴。一名女性推測死於三十九歲上下，身上穿戴貝珠，貝珠又是未見於其他墓葬的獨有陪葬，不過這位墓主身上同樣有陶製搖鈴。

中年女性的墓葬尚有共同特徵可言，像是罐子或小雕像等陪葬品；至於年紀最大的女性，某些人的埋葬方式著實獨一無二。年紀最大的女性更常葬在孤立墓葬，跟其他在房屋底下或是房屋附近的墓葬群保持一定距離。一名四十多歲的女性和兩隻狗一起下葬，四十多歲在這個村莊已經算是相當高齡。另一名年長女性的頭骨和儀式球賽用的石製器具重新埋葬在一起，埋葬地點與通常埋葬年輕人的區域有一段距離。

男性和女性若是年齡相仿，墓葬裡就會出現相同物品，舉例來說，較年長男性和較年長女性身上都有搖鈴珠。在男性和女性的墓葬裡，都發現了考古學家原本以為專屬於男性或女性的物品。因此與其說特拉蒂爾科是母權社會，更貼切的理解似乎是社會的身分認同並非以「性」為主要基礎，這裡年齡更重要。

性別認同與差異

研究古典馬雅社會時，考古學家希望找出女性的身影，他們於是訴諸王家貴族的女性肖像，以及紡紗、編織、研磨玉米等工作使用的工具，利用這些線索追溯女性的存在及行動。其他考古研究質疑，依照同一種性別認同所界定的同性群體成員，彼此之間的共同點是否確實多於和「異」性群體成員的共同點。古典馬雅的貴族女性確實和農家女性一樣會紡紗編織，但是貴族女性製作的布料不只是家人衣服的原料，更是政治典禮的道具。她們身為權貴家族一分子所享有的社會地位，應該也會讓她們紡紗編織的經驗與農家女性極為不同。[9]

展開考古學的性別研究時，我們不能只從尋找女性和男性著手，這種做法等於是假設有種永恆不變的普同性別關係，而且性別關係比任何一種社會區分標準都更重要。那麼研究過去的性別生活經驗時，要怎麼踏出第一步？我們不妨思考希望瞭解的是性別認同還是差異。把焦點放在性別認同，會促使我們去尋找男性的共同點，或是女性的共同點，認為共通的經驗比起男性彼此之間或女性彼此之間的差異更重要。但把焦點放在男性與女性的經驗在哪些方面不同，會引導我們走向完全不同的方向。我們不只必須注意男性與女性之間有何差異，也必須注意生理性別類似的人，以及我們可能會依據單一生理性別分類成同樣是「男性」或「女性」的人，群體之內彼此的經驗又有何差異。

性別認同模型強調共同點，比如女性之間的共同點（一般認為男女兩性構成二元對立，女性是男性的對立面），將所有人都分類成非男即女的某一類別。差異性模型則不一樣，差異性模型提供的框架不只涵蓋性別，也可以將年齡、種族、階級等其他特質一併納入思考。一個人可能會和身體性徵相異的他人有許多共同點，古希臘人就是一例，他們將女性與尚未長出鬍子的年輕人分成同一類，兩者都可以成為年長男性的性伴侶。另一方面，某些人即使在性或性別方面占據相同定位，在其他社會認同層面卻可能大不相同，就像古希臘年輕男性和成年女性的例子，兩者在性或性別方面定位相同，年齡卻有落差。

下維斯特尼采等地出土的舊石器時代小雕像是人類形象最早的再現，提供了討論性別認同及差異的證據。即使是對學院考古學一無所知的大眾，也能一眼看懂「維倫多爾夫的維納斯」（參圖一）表現的形象。當代觀眾從誇張的胸部特徵，就知道小雕像清楚展現了女性身分。小雕像被當成女性特質的理想化身，很容易融入當代的性與性別觀，有人甚至認為小雕像是古代的色情人偶。[10]這種詮釋定義了單一的女性經驗，普同性的女性角色將生物繁殖和通則化的豐產力定位成女性全體共享的女性認同核心。[11]一邊是單一的女性氣質，另一邊是單一的男性身分，兩邊是只能二擇一的相反道路。

不只這類舊石器時代小雕像，還有西元前一萬年以後歐洲某些地區的新石器時代村莊製作的小雕像也是，由於大家打從一開始就認為其「題材」刻畫的是「女性」這個類別，因此也用小雕像證明這一帶曾經出現母權社會，只不過後來分崩離析。[12]「母權」一詞暗示女性因為天生的生育能力而倍受尊崇，是權威的唯一來源。在這種模型裡，男性和女性都敬拜「母神」（Mother Goddess），有些人更認為小雕像表現的主題其實就是母神（圖十九）。瑪利亞・金布塔斯（Marija Gimbutas）最為深入闡述了這個論點，這是古代歐洲性別觀的一種極端詮釋方式，相當鮮明突顯了考古學性別研究的幾個常見特點。

這類研究將人類的再現當成證明社會現實的關鍵證據。他們將人類與其他再現主題分開而論（例如下維斯特尼采出土的動物再現），賦予特殊的解釋。論述提出者假設，「性」的認同是人類社會最基本的分類方式，再現人類形象正是為了傳達「性」的認同。因此如果考古學家採用這種研究方法，看到小雕像要問的第一個問題就是：「小雕像的哪些特徵突顯了刻畫對象的『性』？」

我們想找兩種性，為何只找到一種

「二元的性」的分類模型所挑選依循的判斷依據多半是第二性徵：女性有發育的胸部和臀部；缺少發育的胸臀、臉上有鬍鬚的就是男

圖十九｜
土耳其新石器時代遺址加泰土丘（Çatal Hüyük）出土的女性小雕像，常被詮釋為母神。

性。將小雕像辨識成女性還有另一個依據：小雕像沒有任何表現出男性性器官的特徵。在少數例子裡，第二性徵的鬍鬚輔以第一性徵，就能證明小雕像身為男性，不過缺少發育的胸臀等特徵更常用來當成確認男性身分的依據。

這類詮釋等於假設了過去的人類和今天的人類共享一套性別體系，依照生殖能力將人類分成兩種相反類別。胸部和臀部是辨識女性身體的特徵依據；性器官和臉上的鬍鬚則是辨識男性的特徵。只要符合任一項特徵就足以把雕像分類成男女兩性之一。

如果總是把實際的證據硬生生套進既有的性別模型，當然永遠不可能發現不同的性別觀。在二元對立的兩性模型中，小雕像若是擁有混合特徵，就成了無法辨認的圖像。男性身分備受重視，只要出現任何一項男性特徵，就會蓋過一般認定的典型女性特徵。

男性成了唯一穩定的分類，缺少男性特徵的小雕像因此全被定義成女性。於是如果小雕像的身體毫無特徵，只有簡單概略的軀幹，就可能被自動歸類成女性（圖二十）。可想而知，結果是辨識成女性的小雕像遠遠多過辨識成男性的小雕像，畢竟要辨識成男性需要更多明確特徵。雕像如果無法歸類成二元性別的其中之一，就只能稱為「無法辨識」。我們甚至無法考慮其他可能性：也許「無法辨識」的小雕像構成了另外一種或另外幾種類別；我們也無法想像還有其他思考身分認同的方式，或是再現身分認同變異性的不同做法。生物考古學家至少還必定保留一個性別無法分辨的未成年類別，實際將人類遺骸分類成男性或女性之際，多少也會考慮到確定性的高低。看來比起實際掌握人類骨骸的情況，研究小雕像時，學者反而更能有把握地確定小雕像到底是男是女。「性」被視為自然的生物事實，何以實際肉身的性竟然比藝術再現的性更混亂難解？

根據古歐洲母神崇拜的詮釋模型，被辨識成女性的小雕像所呈現的身體外型差異，是定義女神（或是有榮幸被刻畫成女神化身的女性）不同生命階段的方式。缺少第二性徵代表女神年紀較輕、尚無生育能力的生命階段。這些社會製造出表現不同生命階段的小雕像，藉此反覆強調女性生育力的重要。女孩及女人最重要的身分，就是將來可能為人母，或已經為人母。

這種說法固然是想論證：相較於後世，此時古代的女性更受敬重，但這樣的研究方法不

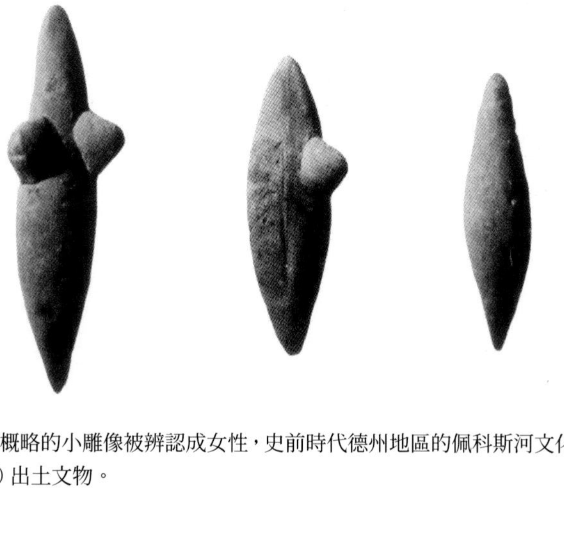

圖二十｜簡單概略的小雕像被辨認成女性，史前時代德州地區的佩科斯河文化（Pecos River Culture）出土文物。

免讓現代的一種性別關係看似放諸古今皆準。詮釋的結果完全只從繁衍後代與生育力的角度來理解女性之間的變異性，但生育未必是每位女性的核心生命經驗，而其重建的男性經驗基本上只是用來補充說明女性經驗。詮釋裡甚至根本忽略了一種可能性：這段時期的人類史，社會生活的安排也許不是把「性」當成人類身分認同的主要依據。我們僵化地認為女性全體會自動共享某種經驗，等於是排除了可能不孕的女性、可能不曾進入異性戀關係的女性、或是可能選擇節育的女性。只把注意力聚焦放大在生命經驗的單一面向，讓我們忽視了男性與女性的生命當中，可能有比繁衍後代更重要的活動。

「性」以外的差異

完全把焦點放在「性」，可能會讓我們忽略了歐洲古代藝術家製作小雕像等圖像時有意強調的其他特徵。下維斯特尼采出土的證據顯示，小雕像原本還有衣物和身體飾物等刻畫，然而性別認同的二元模型竟然也局限了近來這方面的討論。按照模型進行分析時，第一步就是把小雕像依照二元的性分類成男女，個別雕像上的其他特徵全都被自動納入兩種性別分類的定義中。舊石器時代小雕像裡，擁有織品圖案的全都是被歸類成女性的小雕像。展示織品於是被視為歐洲舊石器時代女性身分的普遍特徵，也很容易被視為崇拜偉大女神的另一個跡象。但是大部分的舊石器時代女性小雕像都不帶有織品；擁有織品這個特徵代表的不是女性身分，在可以分類成同性的類似人群裡，擁有織品是讓他們從同為女性的眾人之間脫穎而出的特殊之處。如果我們以性別認同為出發點，就等於先認定了某些特徵比較重要：我們尋找共同點，哪怕只有一部分人具備這些共同點，我們還是把共同點拿來當成性別認同的證據。我們需要正視女性小雕像群體內部的差異，體認到相異處就和相同處一樣重要。

如果我們第一步不要執著於分類雕像的性別，研究會怎麼進行？那麼分析時我們可能會先把小雕像分成有織品和沒有織品兩類，畢竟這是小雕像一眼看去最明顯的區別特徵。在身著織品的雕像中，我們可以看到上面刻畫的織品種類隨著雕像製造地區而異，暗示各地製造及使用在衣物上的織品各不相同。我們不需要把織品詮釋成某個性別的特徵，也能完整完成分析。這也讓我們注意到，在極少數被辨識成男性的小雕像裡，有一尊小雕像可能身著織品。男性小雕像身穿織品的這個案例，應該會刺激我們質疑舊有的做法，反思是否不應該將雕像分成兩性、再將織品連結到兩性之一。

我們還是可以根據民族誌的類比，主張女性是織品專家，但是不能只因為女性的性別就做出定論，論述必須要有其他因素支持。舉例來說，女性的經濟角色也許是原因之一，在多元經濟的社會，女性可能因為在漁獵採集活動中扮演的角色，而有機會測試各種材料，找出哪些適合製成織品。這不是只要身為女性自然與生俱來的特徵，一部分女性可能是因為特定工作的緣故而動手實驗各種纖維，這點可以視為女性之間差異化的基礎，就跟女性之間的共同點一樣重要。我們於是會發現編織技藝的成品備受重視，可能成為某些女性及其社會關係獲得敬重的原因，但編織技藝不是全體女性的共同特徵。

將小雕像視為女神的象徵或是女性生育力的表現，這種觀點能夠提供萬用解答；然而如果我們改採上面的另一種研究方法，製作小雕像的社會動機就成了尚待探討的問題。歐洲舊石器時代的小雕像呈現了織品使用不平均的情況。小雕像以視覺方式記錄織品的使用，打開了討論空間（這點現代如此，過去亦然），但這個差異不是性別所致（畢竟根據判斷標準，多數小雕像都屬於同一種性別），而是源自個人或群體的其他區別。

就歐洲的脈絡而言，不再預設性別認同是首要課題，將能讓我們看見遠古人類祖先生活中社會差異的證據。至於其他地區的考古研究，另闢蹊徑的需要更是迫切，必須找出新模型取代奠基於二元的性的簡單性別認同模型。美洲原住民社會的性別規範往往不符合簡單的二元分類。研究美洲原住民遺址的考古學家深入探討了社會中的性別認同與差異議題，他們發現性與性別的二元模型顯然根本不適用。就算是乍看之下似乎適用性與性別二元模型的社會，美洲考古學家的研究依然能夠改變我們思考性別經驗的方式。

北美原住民的性別差異：拋開二元論

他幫我們做事做了一兩年，我們說起他的時候一向把他當成男孩，其他印第安人也一樣。後來他開始穿「Petone」〔bidonne〕，就是披在肩膀上的大塊布料〔女性傳統服飾配件之一〕，村裡也常常找他參加研磨蜜蜂等女性從事的活動。隔年他好像病得很重，跑來告訴我他病了，無法繼續為我工作……我整個冬天都沒看到他的人影，等到〔一八九〇年〕春天，福克斯博士（Dr. Fewkes）和營隊一起來到祖尼（Zuni），雇用克威史第（Quewishty）當廚師，我才又看到他現身，全身上下都做女性打扮。[13]

瑪莉．迪賽特（Mary Dissette）一八八八年住在新墨西哥的祖尼村普韋布洛（Zuni pueblo），她寫下了從小就認識的一位祖尼人克威史第（Kwiwishdi）性別外表的轉變。北美的歷史記載、民族誌、口傳故事、自傳等敘述裡一再提到這類案例，儘管性的二元模型會依據生理性別將他們歸類成男性或女性，但他們的舉止和打扮都更像是另一種性別。[14]

因此研究北美遺址的考古學家如果使用根據二元的性所建立的簡單性別認同模型，就會碰上大麻煩。祖尼人的社會不只有兩種性別，還有像克威史第這樣人生中經歷了性別轉變的人，假如研究者出身的社會擁有穩固的性與性別二元模型，那麼他們很可能會為了找出合適方式來討論祖尼人的這類社會傷透腦筋，討論之際很難不把這些人說成違反規範、跨越性別、身為異類，或只是例外個案，無法符合兩種性對應兩種性別這個理論上自然而然的普同體系。這些社會的性別經驗能夠接納大家以多種方式展現性別化（sexed）的一面，不限於男女兩性的兩種模式，學者絞盡腦汁要認識這種性別經驗，於是不得不檢討原本討論性別的方式，也不得不反省原本預設生理性別與社會經驗之間理應存在關連的想法。

這個問題在北美格外明顯，因為大部分的民族誌記載都相當強調美洲原住民社會擁有明確的性別分工，男女兩性各司其職，工作往往彼此互補。[15]人類學家之所以注意到有些人不能簡單套進非男即女的二元分類，往往是因為發現男性或女性從事了民族誌作者認定絕對屬於異性的活動。但是人類學家的觀察並未自動轉化成對性的二元模型的質疑，他們只是指出有些個案跨越了性別界線。重探民族誌及歷史證據以後，學者開始質疑舊有詮釋，認為不該把這些案例詮釋成交錯認同（cross-identification）、只是跨越了兩種壁壘分明的性別界線。如果要更貼近歷史敘述和民族誌描述的情況，與其用兩性的分類思考北美原住民社會的性別，不如將性別視為人類展現性別化一面的各種生活方式。

今天考古學家探討某些美洲原住民時，開始思索如何找到這些人群組織社會時的各式經驗，這些經驗讓非二元性別社會成為可能。[16]為了找出答案，學者必須正視考古學舊有研究方法的重大問題，檢討這種先分好性別、再找出專屬於男女工作的遺留物當作證據的做法。有些社會裡有所謂的「第三性」存在，如果歷史記載可信，那麼「第三性」會同時從事男性和女性的工作，也會將男女的服飾都穿戴上身，因此男女工作之分可能根本就不成立。一群原住民學者把他們稱為「雙靈人」（two-spirit people），大家一般也跟著使用這種說法，在定義性與性別地位的工作裡，「雙靈人」的表現有時候更勝其他男女一籌。根據一個人擅長的工作所留下來的產物或遺留物來判斷這個人是男是女，有可能導致誤判，事實上這個人的生理性別根本不符合學者的模型。誤判性別的可能性是一個警訊，用二元模型指出性與性別本身太過粗糙，不是北美原住民遺址考古研究的理想架構。許多考古學家以此為契機，重新檢討了思考性與性別體系的方式，也修正他們研究考古遺址的方法。

更深入的理解：想法如何隨著時間演變

生物考古學家珊卓・霍利蒙（Sandra Hollimon）在加州原住民的考古遺址進行了一系列研究，發展出思考性別的新方法。[17]霍利蒙早期的研究方法是尋找男女的「印記」，找出分別對應到男性及女性的模式。因此她假設在加州原住民的墓葬，大部分的男性和女性應該會各有男性及女性的埋葬方式，同時應該會有一些人的埋葬方式和同生理性別的人不一樣，顯示他們是第三性。

然而考古證據真是讓霍利蒙如墜五里霧中。霍利蒙先閱讀了相關歷史紀錄，尋找雙靈人出現的頻率與從事的活動，據此預測雙靈人的墓葬面貌——問題是她找到的墓葬不符合預測情形。以住在加州聖塔巴巴拉（Santa Barbara）附近的丘馬什人（Chumash）為例，霍利蒙以雙靈男性為研究焦點，雙靈男性會收到籃子當作工作酬勞，而籃子是由女性製作的手工藝品。霍利蒙試著利用墓葬裡是否出現籃子來辨認擁有第三性認同的男性，結果卻發現男性和女性墓葬出現籃子的機率相同。霍利蒙於是領悟，墓葬分析若要有效反映性別差異，前提是生者會根據死者的性別差異給予不同待遇。只有在生者費心紀念死者生前特點的情況下，死者生理性別和墓葬方式（包括陪葬品）之間乍看的「矛盾」，才會透露出墓主性別方面的訊息。儘管丘馬什人的籃子都出自女性之手，籃子出現在女性墓葬的頻率並未超過男性墓葬。[18]

霍利蒙找到了更有可能找出第三性男性的方法：第三性男性做的工作和大部分女性一樣，霍利蒙研究骨骼因為重複勞動而造成的損耗。她發現兩具死亡時年紀尚輕的男性骨骸，該兩名男性的脊椎關節炎狀況跟其他男性骨骸不同，但這種脊椎關節炎模式在女性身上很常見。霍利蒙解釋，這種脊椎病變源自反覆使用挖掘棍（digging stick），使用挖掘棍的勞動會對脊椎施加壓力，丘馬什人裡一般負責這項工作的是女性。

兩名年輕男性都有這種脊椎病變，事實上他們的墓葬也出土了挖掘棍上的墜子。雖然其他男性的墓葬也可以看到這種墜子，但是男性墓葬裡只有這兩名年輕男性的陪葬品同時包括籃子。霍利蒙注意到，挖掘棍和籃子這兩樣工具都是丘馬什送葬者使用的工具，許多第三性都擔任送葬者的工作，於是將兩位墓主辨識成第三性又顯得更有說服力了。霍利蒙研究了許多墓葬，從中只找到兩位墓主可能是第三性，偏低的頻率也符合民族誌紀錄的情況，民族誌作者描述過去加州原住民社會時，也鮮少觀察到第三性。霍利蒙的研究發現，墓葬的型式（儘管案例稀少）確實能夠告訴我們第三性生前的生活樣貌。[19]

霍利蒙研究得愈深入，也就愈瞭解第三性在丘馬什社會裡扮演的角色，然而這也同時讓她開始質疑自己過去的研究方法，儘管這個方法乍看帶來了豐碩成果。[20]霍利蒙發現，她找到的這兩名年輕男性，其實很可能是丘馬什送葬「公會」的成員。丘馬什人過去將送葬者稱為「ʼaqi」，這個字也同時用來翻譯西班牙文和英文的男同性戀。史料這裡似乎有些矛盾，有些紀錄說送葬者是較年長的女性，有些紀錄則說是第三性男性。霍利蒙最後的結論是，「ʼaqi」的核心意義是送葬者，跟性別的分類或認同無關。在丘馬什社會裡，送葬者的任務是幫助死者的靈魂過渡到生命的下個階段，需要擁有特殊的靈性地位才能從事這個工作。這種特殊地位只限於性行為不會導致懷孕生子者，因此有資格擔任送葬者的，包括主要性伴侶是同性的男性、獨身禁欲者、已停經的女性。第三性男性是生理男性，不過性別認同和其他男性不一樣，這種生活方式讓他們能夠勝任送葬者一職。至於已停經的女性，她們顯然是先結束了前一段時期的另一種性地位，之後才得到「ʼaqi」的身分。霍利蒙還有另一項重大發現：丘馬什人可以在人生某段時期身為「'aqi」，卻不是終生都擁有「'aqi」的地位。丘馬什人的地位不是一種與生俱來而且永不改變的性別認同，而是按照性行為的不同類型來定義。

這個美洲原住民社會將性別連結到性向（sexuality），但他們並非單純認為異性戀性向裡雙方扮演的角色分別就是兩性。就算說有三、四種性別，分別對應到異性戀男女及同性戀男女，仍然不足以說明丘馬什人的性別觀。性別是流動的，是特定行為的結果，不是天生的主體性。性別和生育有關，但是生育並非為人父母那麼簡單。丘馬什人的創造觀更加細膩，他們認為埋葬也是生命再生過程的一環，因此送葬者在過程中占有一席之地。送葬者能夠為他人中介生命的過渡期，他們的性向是這種能力的關鍵核心。

由於霍利蒙無法完整找到三種墓葬形式，找不到三種墓葬型式，這點讓她體認到，儘管民族誌作者強調丘馬什人的性及性別認同，但性也許不是丘馬什人最重要的身分認同基礎。在加州原住民社會裡，雙靈人扮演的角色還運用了大家公認他們擁有的靈性力量。性別不是永久不變的明確身分，性別是和性向相關的不同行為表現，可能會隨著人生推移而變化。

男心女身與第三性家庭

北美大平原（Plains）及加州原住民墓葬的考古研究指出，有些女性上過戰場，證據是她們身上的傷痕模式符合激烈戰鬥可能會造成的傷害。[21]一旦我們改從人的行為出發，不再執著於身分，看待物質遺留的方式也會改變，我們可以利用這些線索瞭解性別經驗。大平原出土的考古證據呼應了歷史記載裡描述的各種性別經驗。[22]史料提到「佩甘族的奔跑之鷹」（Running Eagle of the Peigan）以及「克羅族的女酋長」（Woman Chief of the Crow）等強大女性，她們因為戰功彪炳而嶄露頭角。[23]這些女戰士是一家之主，家中女性為之打理家務，也是造就她們成功的功臣之一。女酋長家中的女性指的是她的幾位妻子；奔跑之鷹為了回應異象（譯註：奔跑之鷹經歷了當地男性戰士異象追尋（vision quest）的通過儀式，確立了戰士地位。）終身未婚，家中女性是家人僕役。

佩甘人的「男心女身」（manly-hearted women）不是戰士，不過她們展現了歷史記載裡另一種性別流動的實例。男心女身者直來直往、外向果決、野心旺盛、急功近利，為自己創造大量財富，這些一般更偏向佩甘男性的志向。男心女身者兼擅男性及女性的工作，她們的丈夫則完全跳脫了佩甘男性氣質的刻板印象：丈夫公開支持妻子，負責操持家務，不與男心女身妻子爭奪財產的所有權。男心女身妻子能夠取得「大妻子」（Chief Wife）的地位，成為一夫多妻家庭裡地位最高的妻子，她們同時也能累積財富，用一般屬於男性的方式建立自己的公眾地位。

女戰士和男心女身者的個人生命歷程常被說成是規則的例外，但是在性別更流動、性別典範更彈性的社會裡，她們代表了我們理應預期看到的例子。即使某些領域主要是男性的天下，個別女性只要獲得身邊親友支持（不論是原生家庭或是長大成人後建立的家庭），都可以爭取在這些領域出人頭地。這種與眾不同的性別生活所留下的實際痕跡，可能出現在考古學家原本完全意想不到的地方。

考古學家伊莉莎白・普萊恩（Elizabeth Prine）發現，和村莊裡的其他家屋相比，北美大平原上第三性或第四性的家屋會擁有不太一樣的成員人數或比例，考古學家應該能根據這點找出第三性或第四性的家屋。普萊恩分析希達察人（Hidatsa）位於密蘇里河畔（Missouri River）的村莊遺址，試驗這個方法是否可行。普萊恩觀察已腐朽柱子留在地上的柱洞模式，發現房屋群裡有一間屋子特別小，建造方式也很特別，大部分房屋的柱子都是單柱式，這間小房屋卻是雙柱式（圖二十一）。[24]普萊恩認為，房屋較小的尺寸以及雙柱式柱子這兩點，顯示其建造者及居住者是希達察的一位雙靈人。

古代希達察人是幾代同堂住在同一間屋子，以女性為樞紐串連不同世代，男性婚後和妻子同住，未婚的兒子住在母親家裡，家裡還有母親的女兒、孫女。姊妹通常會跟同一名男性結婚，和入贅的丈夫一起住在母親的屋子裡。雙柱式房屋的尺寸較小，顯示屋子裡家庭成員較少、家庭型態不同。在希達察雙靈人建立的家庭裡，成員只包括一對成人伴侶和他們的小孩，因此住的地方可能比較小。

希達察人的這間小房屋建造方式相當特別，普萊恩認為這點顯示屋主很可能是雙靈人。希達察雙靈人是生理男性，他們和女性一起參加祭儀，分擔生理女性力氣不堪負荷的粗重工作，包括搬運儀式用的巨大柱子。普萊恩認為，雙靈人的工作也包括搬運建造木架土屋（earth-lodge）用的

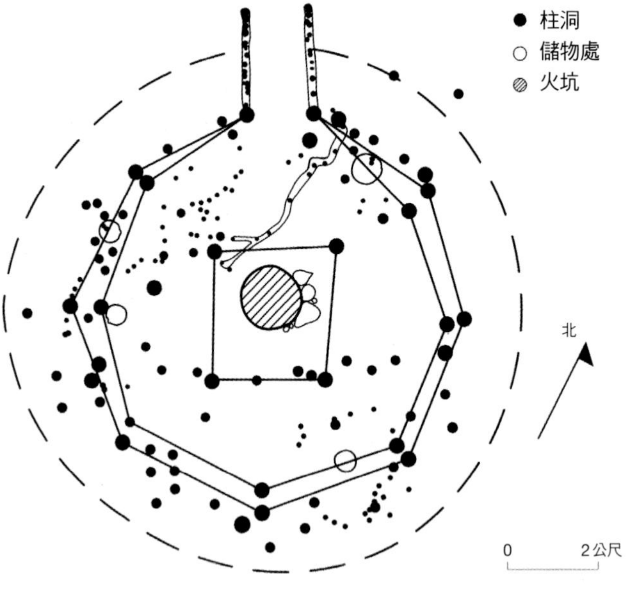

圖二十一｜希達察人岩石村（Rock Village）遺址一間獨特土屋的格局，此地可能是某位第三性的住處及家屋。

柱子，而這間特殊小屋的雙排柱子可能也蘊含了特殊象徵意義，和希達察人認為雙靈人具有的「雙重性」有所連結。普萊恩的分析闡釋了我們可以用哪些方式「看見」性別的多元性，見諸第三性的家庭、祭儀、社會生活等各方面的證據。

研究北美原住民社會的考古學家無法提出簡單模型，讓大家依據特徵把人二分成男性或女性。為了理解歷史記載和民族誌文本裡性別不限於二元對立的描述，學者必須重塑性別觀，將之視為連續性的變化，不再按照非男即女的明確類別把人分成兩類；人人都可以就某些行為和他人比較，坐落在連續光譜的不同位置。

可以將人彼此區分的因素不勝枚舉，有些和生理性別有關，不過身分認同的特徵也會交錯重疊。性與性別的地位是否重要，端視脈絡而定。不同人的行為舉止不是既存分類的顯現，而是用來表達、生產、也再生產自己相對於他人定位的方式，而且這種定位可以改變。這些人生活之中真正在意的社會區別，未必符合我們基於當代社會生活經驗做出的猜想推測。

重探歐洲舊石器時代與新石器時代

在珍・奧爾（Jean M. Auel）的《愛拉與穴熊族》（*Clan of the Cave Bear*）裡，女主角愛拉（Ayla）經歷了許多差異的衝擊：男女之間的差異、醫療和宗教嫻熟程度的差異、人族裡智人和尼安德塔人不同分支的差異。如果舊石器時代的考古研究不再強調性別認同的分類，改以探索社會關係的差異作為切入點，情況會有什麼改變？我們大概不會劈頭就問：「女性（或男性）在哪裡？」我們會問的問題應該是：「不同人做的工作有什麼不一樣？」愛拉的虛構故事有一部分參考了考古學家對於歐洲舊石器時代遺址的研究成果。但是關心性別的考古學家所描繪的圖像，遠比虛構的故事更複雜。

考古學家瑪格麗特・康凱（Margaret Conkey）研究了規模不一的遺址，它們是或大或小的人群在一年當中特定時節聚集的不同地方。[25]康凱的研究將舊石器時代歐洲人視為各有不同技能與生活的個體。男女之間也許存在區別，但男女之別不會直接被當成最重要的差異。康凱指出，舊石器時代人大部分時間都和一小群人共同生活，這種小型團體裡，大家擁有共同經歷，因此應該也都互相認識。他們互動時不會把彼此看成男性這一類或女性那一類，大家因為共同經歷而瞭解彼此的人生歷程，互動關係會建立在對個人的認識上。

女性不是抽象母神的化身，一位女性可能是某人的家長、孩子、手足，可能是別人的老師、織布的工匠，可能是在洞穴岩壁上作畫的藝術家，也可能是在一場殺戮中共同奮戰的獵人。擔任這些角色都無需具備特定的生理特徵，不過個人的身體特質確實可能成為助力，讓人在某些領域表現特別出色，希達察雙靈人正是一例，力氣大讓他們在參與儀式時脫穎而出，能夠負責特殊任務。在人人彼此熟識的小型團體裡，計畫和行動的基礎比較可能是建立在大家的個人差異上，而不是抽象的身分認同上。

康凱認為類別差異的重要性可能會突顯在其他地方，像是不只有家庭的多種團體聚集的大場合。在大規模集會裡，社會團體無法仰賴小規模面對面情境下可以使用的互動方式。康凱根據文物提供的線索，指出舊石器時代人群在不同地點以不同方式互動。大型集會地點製造及丟棄了幾種特定物品；對照之下，小型集會地點可以看到各式各樣的活動痕跡，豐富多元的活動表示聚集在這裡的人群有機會展現多種區別。參與大型集會時，為了和並非天天碰面的人社交往來，舊石器時代人群必定訴諸了年齡、性別、技能、經驗等各方面的認同方式，建立了各種基於相同點與相異點的關係。

康凱思考遺址出現的器物指出了人群多方面的變異性，並以此作為切入點。她對文物別有獨到見解，例如面對舊石器時代的小雕像，她主張應該特別注意小雕像可能是在什麼樣的脈絡被製造、使用、丟棄。[26]她強調小雕像之間的相異處，而非相似處，光是這樣簡單修改研究方法就改變了事情的全貌。在康凱的分析裡，各地的形式差異遠比共同特徵更重要。根據康凱的觀點，理解小雕像時必須先視之為地方社會的產物，不能直接用小雕像來證明某種模型，然後把廣大地區模糊成相同面貌。在舊石器時代歐洲的地方社會裡，小雕像很可能是用來公開宣示各種社會差異的重要媒介，性別差異也是其中之一。同時就像《愛拉與穴熊族》主人翁愛拉在續集裡的新發現，日常生活裡，即使是性別相同的人，地方群體歸屬、技能，或家庭地位所造成的差異，可能就跟基於相似生理經驗形成的身分認同一樣重要。

CHAPTER 3
亞馬遜人、女王、深居閨閣的女性
性別與階序

一九八〇年三月，我置身德州奧斯汀一場座無虛席的講堂，跟全場觀眾一樣全神貫注，聆聽藝術史家琳達・謝勒（Linda Schele）一步一步教我們怎麼解讀西元七、八世紀的銘文，這是取自墨西哥帕倫克（Palenque）遺址古典馬雅神廟牆上的文字。她教我們辨識帕倫克統治者的名字、辨識統治者用來列出父親母親名諱的詞語，古典馬雅的樣貌隨之浮現我們眼前：登場的有一群強大的男性——還有一群強大的女性，她們或者是名正言順的統治者，或者是攝政太后，代替身為王位繼承人的兒子統治城邦。這場講座是系列講座的第四場，更是畫時代的革命事件，講座到今天更加壯大。謝勒帶我們一窺城邦裡一位謝世已久的王族女性的人生，她是先王的女兒，後來將統治權柄傳承給自己的兒子，兒子日後成為帕倫克城邦歷史上最知名的統治者。[1]

對我來說，這場工作坊以及往後幾年我參加的幾場工作坊，都勾起了亟待回答的問題。如果女性在公開紀念碑上名列統治者，為什麼從過去到現在的考古學家都將掌權的女性視為古典馬雅的例外情形？如果女性可以將王位大權傳承給兒子，我們又怎麼能主張古典馬雅社會是嚴格的父系制度？一九七〇、八〇年代，馬雅女性掌權的證據持續出土，證明在這個複雜社會裡，社會階序壓過了性別階序。

學習看見古典時期的馬雅女性

學者經歷一番漫長摸索才終於領悟這些洞見。一九五〇年，研究中美洲城市的考古學家受到刺激，不再只是像標本收集癖一樣分類文物，他們更進一步試圖瞭解古代社會的面貌。[2]墨西哥、瓜地馬拉、貝里斯、薩爾瓦多、宏都拉斯，這些國家境內仍有部分地區住著現代馬雅人，馬雅人的祖先當年在所謂的古典時期（約西元二五〇年到八五〇年），曾經以文字文本和石雕、彩繪陶器、陶製小雕像等視覺圖像，記錄他們關心的議題。針對這批中世紀文本及圖像的主流看法認為，古典馬雅文本探討的是宗教、天文、卜筮之事，附屬圖像描繪的是男性祭司及神祇，[3]女性完全沒有出現在古典馬雅社會的討論裡。十六世紀的歐洲文本記錄了猶加敦半島上古典馬雅人的後代，學者以這些記載證明女性在公共生活中沒有一席之地，社會不只將女性排除在宗教儀式之外，儀式上也認為女性是不潔之身。儘管早期論著提到有一部分的古典馬雅圖像繪示了女性，但學者或者駁斥一番，又或乾脆視而不見。[4]

後來到了一九五〇、六〇年代，塔季揚娜・普洛斯庫里亞科娃（Tatiana Proskouriakoff）開始質疑前人的假設，不相信馬雅藝術並未記錄政治生活。普洛斯庫里亞科娃是藝術家，曾經參與多項重要的馬雅考古計畫。她將古典馬雅社會比擬成王公貴族統治的歐洲國家，直接了當假設馬雅貴族女性出現在圖像描繪和文本紀錄之中。[5]普洛斯庫里亞科娃的開創性研究日後啟發其他學者重新檢視馬雅女性精英的角色。

普洛斯庫里亞科娃從古典馬雅的彼德拉斯內格拉斯（Piedras Negras）遺址展開研究，從空間和時間脈絡著手分析紀念碑。遺址裡可以看到許多紀念碑群矗立在個別建築前方，每組紀念碑群都可以用馬雅曆法追溯出確切年代，普洛斯庫里亞科娃觀察到，每組紀念碑群涵蓋的時間長度都落在人類壽命的可能範圍內。她發現紀念碑群裡年代最早的紀念碑都有特殊的視覺主題和符號（是以當時尚未破譯的馬雅文字寫成），在每組碑群裡年代最早的碑上辨認出了「登基主題」(ascension motif)：紀念碑上刻畫一名坐姿人物，通常坐在由梯子通往的平台之上。普洛斯庫里亞科娃認為刻有登基主題的紀念碑是新任統治者即位的紀錄，每一組紀念碑群都是一任統治者掌政一朝的產物，因此馬雅紀念碑討論的不是秘傳宗教或占星事務，馬雅紀念碑是國王和女王的生平大事記。

普洛斯庫里亞科娃重新確立女性是古典馬雅藝術和文本的主題之一，她的論述非常審慎，綜觀脈絡也有多重證據支持。[6]在刻有登基主題的紀念碑上，常常有第二個人物站在

圖二十二｜彼德拉斯內格拉斯遺址的古典馬雅十四號石碑，上面的人像被認為是站立的母親仰望身為統治者的兒子。

地上，仰望端坐上方的人物（圖二十二）。這些站姿人物身穿長袍，袍長及踝且袖長過腕，傳統說法將之詮釋為專職祭司。普洛斯庫里亞科娃則認為這些長袍類似二十世紀傳統馬雅村落的女性服裝。她還注意到，紀念碑上出現這種衣著風格的人像時，附屬的文字常常重複出現某種側面頭像的符號。許多世紀以後（約西元一千三百年到一千五百年），猶加敦半島的馬雅人製作了摺頁書，也就是所謂的「手抄本」（codex），其中一部分在十六世紀送往歐洲，保存在歐洲的圖書館，普洛斯庫里亞科娃將紀念碑上的側面頭像與手抄本上的類似符號互相比對。在這些後古典時期的馬雅手稿裡，類似符號出現在人像上方的標題，人像都擁有描繪細膩的女性胸部（圖二十三）。從古典馬雅石雕上的圖像和文本，到後古典馬雅摺頁書上的文本和圖像，再到當代馬雅人的穿著打扮，普洛斯庫里亞科娃追溯的歷史脈絡讓論點更有說服力：古典圖像刻畫了統治家族的女性，她們的生平事蹟記錄在紀念碑上。

圖二十三｜後古典馬雅的德勒斯登手抄本（Codex Dresden）中的女性人像。

「找到」古典馬雅女性的重要意義

之後幾代學者都認同普洛斯庫里亞科娃確立的方向，今日依然繼續藉由詮釋紀念碑上的文本及圖像，辨認古典馬雅統治階級男性和女性的生活細節。[7]至於紀念性雕塑，根據普洛斯庫里亞科娃本人的研究結論，辨識成女性的圖像比辨識成男性的圖像要少見，她認為這證明了馬雅政治裡，權力一般都是由父親傳給兒子。師承普洛斯庫里亞科娃的考古學家喬伊斯・馬庫斯（Joyce Marcus）指出，小城市若是位於大城市附近又與大城市結盟，視覺紀錄就比較常出現女性的圖像。[8]馬庫斯認為，小城市的統治家族透過聯姻與大城市的統治家族建立社交邦誼，於是強大家族的女兒從權利中心下嫁到較弱小貴族的小宮廷裡。

普洛斯庫里亞科娃的另一位門生藝術史家克萊門西・柯金斯（Clemency Coggins）則研究另一種較不常見的模式：有些非常強大的古典馬雅城市在紀念碑上突顯了女性的地位。[9]瓜地馬拉的提卡爾（Tikal）當年被認為是馬雅世界裡最雄偉的城市，提卡爾城市史上早期的文本和圖像都看得到女性的紀錄。柯金斯承繼普洛斯庫里亞科娃的觀點，認為這些女性也是提卡爾權力傳承的一環，將統治權從自己的父親移交到自己兒子手中。這種模式不限於提卡爾，納蘭霍（Naranjo）及帕倫克等城市也看得到案例，女性將統治權移交給兒子，在兒子繼承王位之前，她們自己顯然也曾掌權當政。

由女性移交統治權不符合一般標準的父系繼承方式，這種例外因此被視為一大問題。學者猜測了各式各樣的歷史情境，認為透過女性傳承權力是因為缺乏男性繼承人，是迫於特殊情形才出現的例外。語言人類學家及考古學家另有看法，他們認為古典馬雅的親屬制度可能更複雜，也許馬雅社會關係不是父系制，其親屬關係或許可以同時追溯父系和母系的連結。[10]這些論點背後都有一種共同認知，當代考古學的性別研究裡也看得到這種想法：大家全都預設女性掌權是異常狀態。然而假如女性掌權違反了社會常規，古典馬雅的統治者又為什麼要設置大型雕像，讓流傳後世的雕像一再提醒人民，統治者取得政權的過程曾經出現重大瑕疵？

性別差異與不平等

面對帕倫克和納蘭霍等地古典馬雅統治者的母親時，大部分研究者最看重的是她們的女性身分，其次才會考慮到她們也是統治家族的一員。一般認為女性在懷孕生子和養育後代上扮演的角色，勢必會影響她們一生的際遇。學者注意到許許多多當代社會的女性都身陷經濟和政治上的劣勢，這種模式一再重複出現，但是學者長久以來一直難以提出合理解釋，說明女性為何地位比男性低落，又為何無法公平獲得社會資源。一九七〇年代到八〇年代初，女性主義人類學家提出了三組二元對比，認為可以根據這套理論解釋性別導致的失衡現象。[11]三組對比都圍繞著女性在生育及養育上扮演的角色。學者從務實角度出發，認為懷孕、生產、撫養子女對女性造成沉重的負擔，導致她們實際陷入經濟劣勢。男性雖然身為孩子的父親，但是生育不會直接造成男性身體上的負擔，而且一般認為男性可以躲開直接照顧孩子的責任。

女性忙於照顧子女，學者因此假設女性被牢牢綁在家園，於是也失去了參與家庭外生活的機會。一般認為養育子女和家務工作的私領域從屬於公領域之下，公領域才是贏取聲望和展開政治辯論的場合。男性不受家庭約束，在公領域扮演要角，女性經濟上依賴男性，只能透過男性參與政治生活及取得社會地位。

女性和生養孩子的連結也是女性與男性之間象徵性差異的根源。這個論點認為，由於月經、生產、泌乳都是生理現象，女性和自然的連結更緊密。男性的類別與之相反，於是定位上完全和文化畫上等號。

舊有的實證研究主張，男性普遍享有勝過女性的政治優勢，近期的性別研究挑戰了這種看法，新研究論證在不同時期、不同民族，男性和女性的相對地位情況十分多變，許多社會的女性都有機會取得崇高社會地位。某些社會乍看像是徹底否定了女性的影響力，然而深入觀察之後，會發現其實女性可能擁有和男性不同類型的社會權力，或是對於社會地位高低抱持與男性不同的看法。探討不平等的研究拋棄了舊有的性的二元模型，甚至能夠論證性與性別未必是身分認同最重要的基礎。研究指出社會地位等其他類型的差異也能構成男女的區分，影響可能比性別因素更明顯。考古學家積極提出這類論點，從古人遺留的物質證據探索掌權女性的生活。

女戰士

中亞鐵器時代遊牧社會的女性在馬背上過生活，簡直就是古希臘文獻想像中亞馬遜人的真實化身。考古學家珍妮．戴維斯．金博爾（Jeannine Davis-Kimball）稱這些中亞女性為女戰士，她研究中亞女戰士墓葬的物質遺留，指出生理男性和生理女性一樣都會和武器及馬具一起下葬。[12]就像女性掌權統治的例子，女戰士的存在也挑戰了女性絕對比男性弱小的假設。戴維斯．金博爾的研究告訴我們如何運用多重證據來支持論點，論證某些女性擁有跟男性平等的地位。

戴維斯．金博爾定義了物品的類別，用陪葬品的類別來證明墓主生前的生活經驗。她接

圖二十四｜俄羅斯波克羅夫（Pokrova）遺址四號墓葬的八號庫爾干（Kurgan）二號墓地的年輕女性墓主，陪葬品包括匕首和箭頭，因此被認為是戰士。

著將物品的類別和各個墓主的生理性別比較，發現女性墓葬和物品之間的關連十分多元，據此定義出多種女性氣質。女性墓葬的陪葬品包括紡織這類傳統上歸類為女性工作的相關文物、宗教活動的證據，還有一些她認為是女戰士特有的物品（圖二十四）。陪葬品的實際分布情況相當複雜，單一墓葬混雜了多種物品，有些物品也會出現在男性墓葬，女戰士墓葬的典型陪葬品在男性墓葬格外常見。戴維斯．金博爾的結論是，女性可以取得各式各樣的地位，範圍比男性更廣，她認為最高的地位來自宗教儀式與戰爭，而女性和男性一樣有機會參與其中。

然而事情的全貌不是這麼一目瞭然，也不能將之簡單詮釋成女性占有優勢地位或掌握大權的證據。規模最大、陪葬品最多的墓葬都屬於男性所有，總計在全體男性墓葬裡，多達百分之九十四的墓葬擁有證明戰士地位的陪葬品，擁有同類陪葬品的女性墓葬則相對少見。大約百分之七十五的多數女性墓葬，陪葬品都屬於戴維斯．金博爾定義為「顧家女性」（hearth femininity）*的類型。媒體報導戴維斯．金博爾的研究時，特別強調少數和武器有連結的女性證明了亞馬遜女戰士的存在，但是戴維斯．金博爾本人其實清楚說明了所謂女戰士參與的應該是保衛畜群與家園的任務。

那麼關於男女之間的不平等，戴維斯．金博爾的研究到底告訴了我們什麼資訊？如果用傳統的考古學方法來分析證據，就像上一章特拉蒂爾科的研究那樣，我們的第一步就是找出某幾類墓葬的陪葬品，包括最稀奇精巧的舶來品，或是陪葬品最豐富，又或是墓葬的建造最耗費人力物力。由這個角度來看，中亞這個遊牧社會的頂層是由一小撮男性組成，光譜彼端是墓葬只有少許陪葬品或沒有陪葬品的男男女女。至於兩個極端的中間，多數男女都有若干物品陪葬。武器和馬具這一類物品在男性和女性的墓葬同樣看得到；至於代表「顧家」地位或宗教儀式的另一類物品，則只見於女性墓葬。我們不確定是否還有別組專屬於男性墓葬的物品，一部分是因為幾乎所有男性墓葬都有武器陪葬。我們是否能將物品的出現頻率差異，詮釋成男性和女性身分或地位不同的證據？確切來說，某些女性以武器陪葬，這點是否代表了女性全體享有特殊地位或地位更高？

問題的答案端視我們對性別和社會抱持什麼樣的假設。如果我們以性的二元模型為出發點，假設每位女性（或男性）的經驗都和性別連結得最緊密，那麼某種情況即使只在其中一名女性（或男性）身上發現，也能或多或少類推到同性別的其他成員身上。因此在這個中亞社會的例子裡，母權社會論的支持者認為身為女性代表了選擇機會比男性更多，女性有更多獲取聲望和權力的管道，戰士也是其中一途——戰士不論如何都被視為最有權力的角色。另一方面，父權社會論的支持者採取相同邏輯，但是他們強調最雄偉的墓葬全

＊〔譯註〕hearth直譯為爐灶，常與home（家園）連用，帶有居家生活的意象，因此這裡將hearth引申翻譯為「顧家」。

都屬於男性墓主所有，因此權力頂端必定是由男性占據。理論上，權力專屬於男性，擁有武器的女性無一不是特例。由於戴維斯·金博爾指出女戰士擔負的角色應該是畜群和家園地方守衛隊的一分子，父權社會論的支持者因此認為，女戰士其實沒有脫離女性的家庭領域，談不上真正進入男性的公共領域。然而事實上擁有武器的大部分男性，主要工作可能一樣是守衛家園，絕大多數男性的墓葬也說不上寬敞華麗——不過這些全都只是無關緊要的細節，一名男性的境遇就能代表全體男性的身分。

當地位比性別更重要時

我們或許可以考慮另一種可能性，思考這群人是否確實認為性別是社會認同和社會差異裡最重要的一面。考古學家貝蒂娜·阿諾德（Bettina Arnold）研究歐洲鐵器時代（約西元前七五〇年到西元前四五〇年）的墓葬，發現了跨越一般性別分類的更驚人案例。[13]維克斯（Vix）遺址位於今天法國境內，遺址的一處墓葬年代落在西元前四八〇年到西元前四五〇年左右，特徵吻合典型的戰士墓葬，陪葬武器包括武器以及宴飲所需的金屬用具（圖二十五），然而墓主卻是生理女性。墓葬布置十分講究，顯示墓主地位崇高，因此這裡和中亞的情況不同，這個社會的頂層顯然不是專屬於男性。阿諾德面臨的問題是：「維克斯女君主」（Princess of Vix）生前扮演的角色是不是相當於統治階級的男性？阿諾德的答案是：

也許是，也許不是。

考古學家知道，不能直接把墓葬當成反映日常生活的時空膠囊。不論面對哪個社會，我們都必須探究的重要問題之一就是：死者的待遇和生前生活有什麼樣的關係？一九六〇年代發展出了幾個影響深遠的考古學模型，認為陪葬品反映了個別墓主生前的社會身分。之後幾十年的研究顯示，情況其實更複雜。墓葬是生者根據與死者的關係所打造出來的結果。墓葬也許能夠幫助我們理解社會團體如何看待死者，但也可能淡化了墓主的某些人生

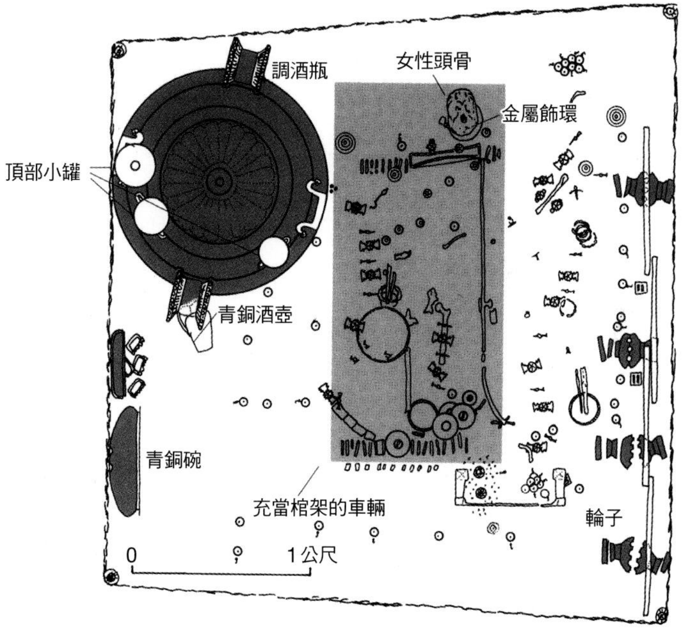

圖二十五｜「維克斯女君主」墳墓的平面圖，繪出與墓主社會地位相關的器具。

經歷。墓葬既能反映差異的某些面向，也能徹底掩蓋某些面向。

在歐洲鐵器時代維克斯遺址的墓葬以及類似案例，將墓主與隸屬高地位團體所從事的活動連結，突顯的是墓葬建造者的想法。武器和宴飲器具是地位高者所重視的項目，他們很可能就是在乎這名女性、想要予以厚葬的生者，所以才陪葬了這些物品。這些器具可能意義重大，因此地位崇高者人人生前都使用過這類物品。陪葬品包括了哪些物件、排除了哪些物件，無法直接告訴我們墓主生前的事蹟。陪葬品告訴我們的是，這個社會團體不反對把女性或男性與這些活動和物品連結。

至於中亞的例子，我們可以比較有把握地主張，陪葬的武器和馬具是男女墓主生前實際使用的工具。陪葬品告訴我們，這個社會團體的生活常常有機會需要使用武器和騎馬，他們重視這些活動，不認為活動參與者只限於男性或女性。以武器和馬具陪葬的女性，有一部分相當年輕，可以想見許多女性在人生不同時期扮演了不同角色。如果分析一開始就先預設墓葬的變異性主要是性別差異所致，我們就不會探討其他可能性，不再深究年齡、家庭或是高低地位團體的歸屬是否才是更深刻影響彼時彼地男女生活的因素。

貴族女性、聲望與權力

薩爾瓦多的霍亞德賽倫（Joya del Ceren）遺址是在火山灰掩埋下保存下來的古典馬雅村

莊，這類鄉村裡，女性日常生活只在家屋周遭的空間活動。至於古典馬雅的女王、皇后，她們的生活大部分一樣是在住處內部和周遭展開，只不過她們的宮殿規模更大、建築更壯觀，裝飾也更華麗。然而若是將霍亞德賽倫女性的生活，與帕倫克或科潘等城市宮殿裡的女性生活互相比較，兩者的相異處會比相似處更多。

研究女性的生活時，如果社會階級落差極大，我們就不應該不假思索地認為女性只有單一類別、身為研究對象的女性可以代表女性全體；需要擺脫這種想法，才能得到比較合理的研究成果。古典馬雅的文字與圖像雕刻在石製紀念碑上、彩繪在宮殿牆壁上，也刻畫在宮殿的酒器等奢侈品上，描繪出貴族階級與統治家族的男男女女。在這些歷史媒介留下紀錄的女性，有些擁有跟男性統治者一樣的頭銜，後來又將統治大權傳給兒子。有些女性雖然沒有親自掌政的跡象，但她們也參與宮廷的儀式生活與政治生活。[14]不過多數男性和女性都不是歷史紀錄記載的對象，或者只以無名僕役和低階貴族的身分出現在紀錄當中。要瞭解這些人，研究他們留下的其他考古遺留可以看得更清楚，像是房屋的遺跡、日常生活丟棄的垃圾，以及他們人生中的特殊事件等等。大部分的古典馬雅人可能都是農民，但是農民家屋的考古發掘寥寥可數。[15]相較之下，我們對於不居於統治地位的貴族，認識就比較豐富。[16]

許多考古學家研究鄉村農民以及低階貴族的家庭生活時，也有意想要瞭解古典馬雅社會的性別關係。[17]考古學家並未發現男強女弱的簡單階序，這些研究反而引導我們重新思考，在任何一個經濟階層化的社會裡，人類創造及主張聲望的方式可以如此多樣化。

就跟所有的考古學性別研究一樣，初探古典馬雅家庭內性別關係的研究也是從性與性別的二元模型出發。為了探討男性與女性在家中進行什麼樣的工作，考古學家借重了不同性別分別從事哪些不同工作的假設，如此一來工作的痕跡就能夠說明男性與女性的行動。研究古典馬雅遺址的考古學家特別解釋過，他們為何認為某些工作是典型的男性工作，某些則是典型的女性工作。隨著研究的進展，即便延續著兩元性別概念，由於他們專注在不同性別間的差異，反倒可以讓我們看到不同性別的人在日常生活上更細微的差異。

女性的工作、女性的空間

考古學家茱莉亞．亨頓（Julia Hendon）在古典馬雅的科潘遺址展開研究，她發掘了一系列家屋，居住者是富裕的貴族，但不是統治家族的一員。在這些富裕貴族居住的建築裡，有些屋子（但不是全部的屋子）丟棄的物品裡出土了製造織品的工具，紡輪是其中最特別的一樣，紡輪和紡錘組合起來，就能將原生棉及龍舌蘭屬的美洲龍舌蘭（maguey）紡成紗線。其他工具包括一系列的骨梭、骨錐、骨針，都是這一帶紡織工作可能會使用的工具。亨頓成功證明，這幾種工具集中分布在特定建築附近，而非平均分布在遺址各地（圖二十六）。

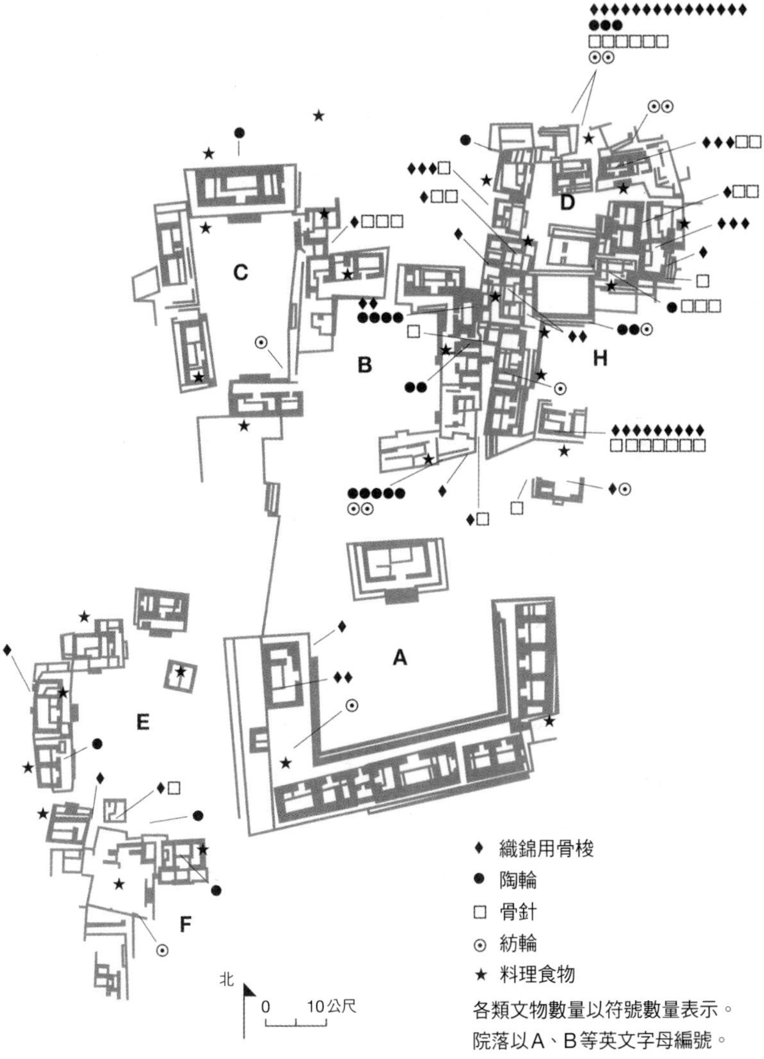

圖二十六｜宏都拉斯古典晚期馬雅的科潘遺址，貴族房屋群的平面圖，繪示一般由女性進行的工作所使用的工具分布。

亨頓檢視了古典馬雅的藝術及後來的歷史與民族誌紀錄，資料全都指出紡織和編織是典型的女性工作，根據這些證據，亨頓主張這一帶的女性負責製作織品。亨頓並不認為全體女性不分時代人人皆投入織品製作，也不認為只有工具分布的地方才是女性工作的地點。相反地，亨頓強調布料生產是馬雅經濟體系裡重要的一環。布料是政治貢品，也是儀式的必需品。這些經過使用、損壞、丟棄的工具指出了女性負責紡織工作，但這裡的女性不是隨便一名女性：這些女性來自強大的家族，為家族的經濟力量與政治權力貢獻一己之力。亨頓認為，紡織者可以透過工作的貢獻取得聲望，她更明確指出，既然紡織這類生產工作進行的地點就在家中，我們顯然必須拋棄家庭領域和公共領域的截然畫分。科潘貴族家中的女性一面動手紡織典禮及儀式用的布料時，也就一面在參與政治。

圖二十七｜
貝里斯古典晚期馬雅的盧班屯（Lubaantun）遺址出土的小雕像，刻畫使用磨石的女性。

亨頓等古典馬雅社會的考古學家運用類似方法，找出更多可能看得到女性工作痕跡的遺址，學者認為女性的工作可能是取得個人聲望的來源，也是為所屬團體的政治勢力做出貢獻的方式。歷史文獻指出，在馬雅人後代的社群裡，料理食物是女性的另一項傳統工作。研磨主食穀物及玉米都需要耗費大量勞力，有些馬雅小雕像和彩繪陶器甚至刻畫了女性研磨玉米的模樣（圖二十七）。料理工具包括石製的研磨平台「metates」，以及研磨浸泡過玉米粒用的手持磨石「manos」，考古學家於是常常藉由料理工具來證明女性可能的工作地點。薩爾瓦多霍亞德賽倫遺址的鄉村在火山噴發下保存下來，短時間內遭到掩埋的房屋與工具讓考古學家能夠確定穀物研磨在哪裡進行，因此也能推知女性可能的工作地點。考古學家崔西・史威立（Tracy Sweely）利用這些資料指出，這個鄉村的女性應該是在公開可見的地方進行工作，她們為日常及宴飲的飲食付出心力，應該有資格主張一份功勞。

私領域中的女性、公領域中的女性

這種研究方法質疑了古典馬雅人是否確實將空間畫分成公領域與私領域的認知，也直接挑戰舊有假設，質疑女性在家中的工作是否確實無法得到公共的認可或重視。但是研究有時卻遭到誤讀，用來支持相反的論點，認為女性在政治上處於邊緣地位，也不參與一般的公共事務。怎麼會發生這種情況？

根據刻板印象找出女性典型工作的證據之後，有些學者把這些證據當成女性身影的唯一證據，於是乎只有紡輪、編織工具或磨石出現的時候，才代表有女性出現。亨頓的論點明確指出，貴族家中的織品製造是一門高超技藝，女性有辦法學習這門專業，多少是因為家庭富裕的經濟背景支持。其他學者忽略這點，把貴族女性歸入單一的性與性別分類，和鄉村女性混為一談，又把公共紀念碑上提到的女性統治者當成例外。因此藝術史家林恩．魯施英斯基（Lynn Ruscheinsky）才會認為，在古典馬雅奇琴伊察（Chichén Itzá）的蒙哈斯（Monjas）宮殿，女性無從進入高高在上的宮殿，只能在宮殿後面的平台工作（平台出土了許多磨石）。[18]

然而另一方面，蒙哈斯宮殿的橫楣上雕刻著統治者母親及外祖母的名字。[19]如果女性真的被排除在宮殿之外，在王室生活中被邊緣化，這又要做何解釋？奇琴伊察的統治家族透過女性追溯家譜，貴族女性也積極贊助建立了許多紀念碑，就跟貴族男性一樣。她們很可能跟貴族男性享有一樣的社會地位與活動模式，一樣昂首走過蒙哈斯宮殿的大廳。

瓜地馬拉的古典馬雅阿瓜泰卡（Aguateca）遺址則是另一個落入傳統考古學詮釋窠臼的案例，儘管學者在高社會地位的區域發現了女性的存在，詮釋時卻忽略社會地位的因素，也淡化了女性可能的社會影響力。阿瓜泰卡遺址裡，大家倉促拋下燒毀的建築物，遺址於是保留了尚在製作中的奢華手工藝品，也保留了製作器物用的工具。有些工具顯示，製作器物的華麗裝飾時也動用到了女性的織布技藝，考古學家猪俣健（Takeshi Inomata）認為，參與工作的女性是主要工匠的妻子，而工匠則是透過製作精美器物為自己贏得了社會認可。[20] 即使女性出現在能夠贏得聲望的活動實際進行之地，學者依然認為她們無法透過自己的貢獻獲得認可。

古典馬雅研究的啟示

古典馬雅社會女性掀起的爭論至今依然激烈，其中至少有三點值得我們省思。其一，就跟大部分考古學研究面臨的情況一樣，以性與性別的二元模型作為出發點，顯然會導致我們（根據性別）把共同點其實不多的人群全部混為一類。在古典馬雅社會裡，比起性別，社會地位對於每個人的生活影響更強烈。相較於在鄉村務農的女性，王公貴族女性的生活和同為王公貴族的男性更相似。性與性別的二元模型本身也是特定時空條件下的歷史產物，我們固然可以硬把資料套進模型，不過這樣必然會造成矛盾。

其二，雖說不是不可能找出哪些活動是屬於某個性與性別的典型活動，但是典型不等於普同、自然或毫無爭議。男性與女性在某時某地進行的活動並非一律都是根據性別截然二分。考古學家辛西亞・羅賓（Cynthia Robin）有理有據地批評了某些學者的假設，質疑古典馬雅社會裡，農業是否確實是男性的典型工作。[21] 羅賓研究貝里斯一個名為昌諾何（Chan

Nohol）的農村，援引民族誌、歷史文獻及考古資料，告訴我們歷史上古典馬雅人務農的方式不是一成不變。農業不是屬於男性的工作，男性和女性都會務農。按照刻板印象把某些工作歸類給某種性別（例如把古典馬雅女性描繪成負責研磨玉米和織布），這種做法本身也在創造性別之分。然而性別的分工差異可能只限於某些時空，甚至只限於某些社會階層。

其三，如果基於性別的二分法被毫無疑義當成是權力及地位階序的基礎，那麼性與性別的二元模型只會一再重現性別造成階層化的樣貌。儘管已經有確鑿證據指出古典馬雅城市裡某些女性握有政治權力，許多學者依然假設女性全體相對於男性全體居於劣勢。他們認為女性自古至今都屈居於男性之下（言下之意是未來也將如此），就算過去曾有一兩位女王掌政也無法撼動他們的定見。

性別不平等與性別化的實踐

現在大家普遍同意，古典馬雅社會允許貴族女性扮演政治要角，貴族女性能夠參與戰爭和儀式；至於古典希臘社會，大家熟悉的印象是男性壟斷了公共生活和政經權力。法律上女性在家從父、出嫁從夫，平時應該深居閨閣，不可拋頭露面，但是考古學家找到的物質證據卻不符合文獻紀錄上秩序井然的狀況。研究古典希臘社會的考古學家示範了一個更好的辦法，告訴我們性與性別的二元模型可以從何被挑戰。[22]

古希臘城市家戶空間的考古研究指出，現實情況其實往往不符合女性應該深居簡出的理想。過去有時候會用家戶空間的資料來論證女性的活動範圍局限在家中，但其實用控制外人出入的角度來重新詮釋家庭內的社會關係，更能解釋這些資料。

家戶考古學其實是古典考古學中發展相對晚近的領域。發掘古典馬雅房屋時採用的技法，讓考古學家能夠確定各種活動發生在屋內何處，但是希臘城市的大部分建築都是以相當不一樣的技術發掘，因此考古學家未必能確定被古人丟棄的工具和哪些房間或是房間哪些地方有關連，當時也很少收集微殘留物來分析。古典希臘家戶考古學能夠研究的材料，主要是建築物、房間以及城市街道等地的平面圖，研究不太強調找出男性和女性的「印記」。對於男性和女性在屋內理應使用哪些空間的預期，主要是根據文獻記載而來。

古典考古學擁有長達好幾世紀文獻研究的深厚傳統。許多古希臘文本是文學或哲學著作，各式各樣的論述裡也包括男性和女性本質的具體評論。除了文本，古典考古學家也參考各種視覺紀錄，包括用於典禮、宴會、正式餐會的陶器上裝飾的豐富彩繪。這些圖像記錄了一般女性、神話女英雄以及女神生命中的某些時刻。

古典研究學者根據文獻推論，當時的人認為女性本質上與男性不同，但男女並非相反的兩極，而是同一種潛能發展到不同程度。[23]古希臘人抱持一元的性與二元性別的模型，認為女性是劣化版的男性，其生殖器構造和男性相同，只不過女性本質上生命能量較低落，使得生殖器的發育程度不完全。古希臘人不只將女性分類成矮一等的人，還有年輕男性、外邦人、非公民的成年男性也是：這些人不只不一樣，還矮他們一等。

自由公民家庭中的女性特別容易受到攻擊，男性家人為了保護女性，便將女性與外人隔絕。至於為自由公民家庭中女性服務的女性奴隸、從事性工作的女性等等，這類女性的行動就比較自由。就跟我們前面討論過的其他案例一樣，古希臘雖然擁有清楚完整的二元性別模型，但顯然還是沒有單一的「女性」類別，可以讓我們按圖索驥瞭解過去。

古典考古學家建立的模型認為女性（指自由公民家中的女性）深居閨閣，他們研究了房屋格局之後，找到女眷空間的證據。[24]古雅典等城市的房屋通常會有一片過渡空間向街道開放，但與大部分起居空間隔絕（圖二十八）。房屋略深處往往有個宴會廳，據文獻記載，這個空間是男性家族成員招待男性賓客的地方，家中女眷則待在比較隱密的房間。「女眷區」是家屋最隱私的空間，和入口通道相距最遠，也和出入複雜的宴會廳隔絕。

古典考古學家瑪麗蓮・戈柏（Marilyn Goldberg）質疑這種詮釋。重新檢視房屋格局後，戈柏指出這種理想化模型只是少數，比較常見的狀況是房屋分成兩部分，分成接待客人的空間以及生活起居的空間。戈柏梳理了房屋不同空間對應哪些活動的資料，指出家中男性大部分時間也都待在比較隱私的空間。擁有正式宴會廳的房屋是特例而非常態。就建築設計來說，古典希臘房屋的格局其實不是要控制女性的行動、把女性隔絕在家；這種格局規畫是希望一方面保護家庭隱私，一方面提供必要時家人能和外人互動的空間。

這類研究告訴我們，要真正認識過去，我們不能執著在尋找過去女性的身影，也必須拋開如影隨形的性與性別的二元模型。許多古代社會顯然都有強大、成功又出色的女性，她們也因為傑出表現而受到認可；同時大部分古代社會的多數男女顯然都不是握有至高權力與權威的人。男性和女性的生活受限於經濟能力、技藝、年齡等各種身分所限制或決定的地位，性別只是多種因素之一。研究性別的考古學家如今應該努力直指核心，探討根據生理性別而來的相似處及相異

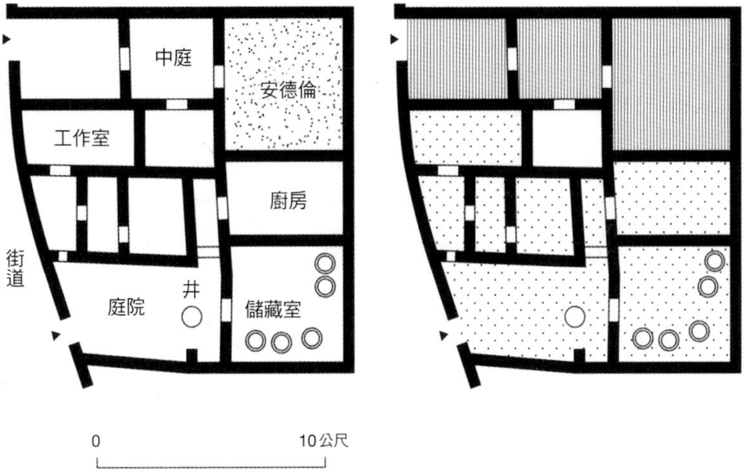

圖二十八｜雅典房屋平面圖，繪示理解空間區隔的兩種方式。左圖標出的「安德倫」（andron）是男性專用的房間，和屋裡女性會走動的區域隔開。右圖的條紋狀區域是外來訪客可以進入的空間，點狀區域是家庭的私人空間。

處在人與人之間造就了什麼樣的關係，而特定時空背景下的人群又如何看待這些相似處與相異處。至於考古學家如何實現這種研究，將是下面兩章的重點。

CHAPTER

4

慾望的人像、禁慾獨身、性工作者

思考古代的「性」

說到北歐青銅器時代的人像描繪，學者所知數量最多的一系列圖像散布在瑞典各地超過二千處的遺址，其形象包括陰莖勃起的武裝人物，以及身上有杯狀圖案的長髮人物。學者將杯狀圖案當成女性生殖器的象徵，將長髮人物詮釋成女性，於是人物成對出現的場景，描繪的自然就是男性和女性性交的畫面。

看看圖像，這些結論似乎不言而喻：創作圖像的古代斯堪地那維亞人認為男女之別非常重要，「性」也許是這個遠古社會裡最重要的區別。然而考古學家提姆・葉慈（Tim Yates）研究全部的圖像以後，得到了相當不同的結論。葉慈反問，假如我們不要先入為主認為人物代表了男性戰士和無武裝女性這兩種類別，會有什麼發現？審視圖像的不同特徵是否能帶我們得到全新的結論？[1]

一九九三年，葉慈發表了以男性氣質為主題的論文，是考古學性別研究裡早期少數關注男性氣質而非女性氣質的研究。葉慈使用了視覺性的物質證據：一系列超過兩千五百組雕刻在岩床上的圖案。多數專家認為圖案的創作年代落在西元前一千八百年到西元前五百年之間，描繪的題材包括船隻、足跡、動物、人像（圖二十九）。人像不是最常見的描繪主題，船隻才是；岩畫群裡，船隻的圖像數量是其他主題的兩倍。不過人類形象是僅次於船隻的第二常見主題，其龐大數量登上北歐同時期岩畫裡數量最豐富的人像描繪。

葉慈的研究目標是探索人體的再現方式，尤其是性的再現方式。他歸納出四種重複出現的人體再現方式：無武器人像；人像手上無武器，但是佩有收在劍鞘的劍；人像手握武器，同時還佩有收在劍鞘的劍；人像手握武器，不過沒有收在劍鞘的劍。除了上面幾種一般分類，葉慈還記錄人像是否具有他辨認出的幾種特徵：勃起的陰莖，有時一併畫出睪丸；小腿肌肉的描繪；手部或手指的描繪；有角頭盔；長髮。他分析這幾種基本人像類型會和哪些附加視覺元素一起出現，發現握有武器的人像往往擁有勃起的陰莖，出現次數是握有武器但未明顯繪出陰莖的人像的兩倍。至於未繪有男性生殖器的人像，無武器的機率是有武器的四倍。兩種身體類型搭配的武器種類也不一樣，劍跟矛更常出現在明顯繪有生殖器的人像上，甚至可以說只有在繪有生殖器的人像上才看得到劍跟矛。有生殖器的人像和沒有生殖器的人像手握斧頭的機率相等，未繪有生殖器的人像持弓的機率略高一些。頭盔比較常出現在繪有生殖器的人像身上。強調手部和手指細節的機率沒有差異，不過小腿肌肉的明顯描繪比較常出現在明顯繪出陰莖的人像身上。在每一組圖像裡，三分之二的情況下，繪有生殖器的人像都畫得比未繪有生殖器的人像更大。如果把比較範圍限縮到手握武器加上陰莖勃起的人像，趨勢會更明顯。葉慈把這種圖像稱為「善戰男性準則的代表」，大小一定畫得比同組圖像的其他人物更大。

葉慈提出的對比很多都可以說是二分法：人像是否繪有陰莖的圖案、是否戴頭盔、是否手持武器。但是他不把任何一種對比看成男女截然二分的證據，反而以此作為思考的起點，假設社會上有多種男性氣質。儘管過去的研究把長髮、

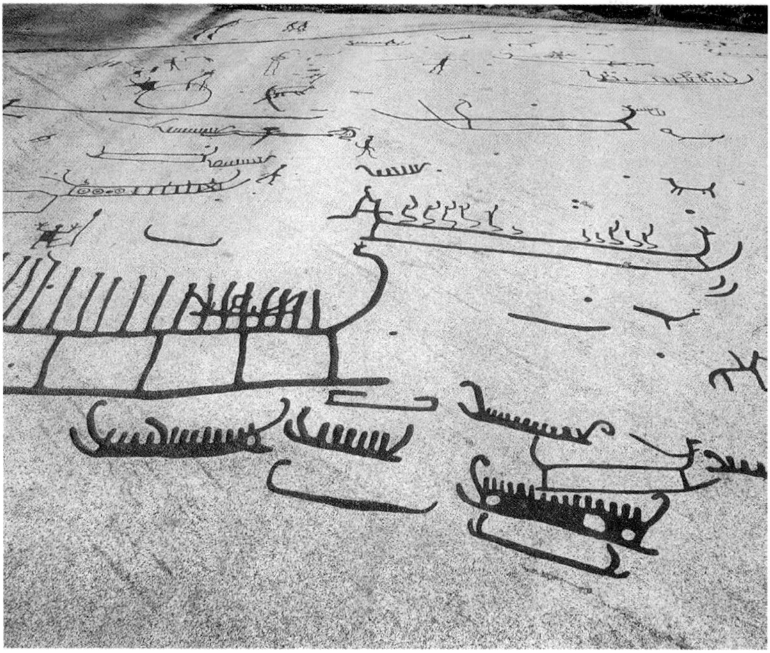

圖二十九｜瑞典布胡斯（Bohuslan）地區的青銅器時代岩畫。

雙腿間的杯狀圖案、沒有武器等等定義成女性的特徵，但葉慈完全否定這種可能性，他不認為有任何圖像在描繪女性。葉慈指出，在繪有陰莖的人像以及不具明顯男性特徵的人像上，長髮出現的可能性相等，兩種人像上出現杯狀圖案的機率也相當。

也許最有意思的一點是，葉慈指出不具陰莖、不具武器的人像之所以被視為女性，主要的根據來自一系列手臂和身體交纏相連的成對人像（圖三十）。學者將成對人像詮釋成帶有陰莖的男性與不具陰莖的女性性交的圖像，葉慈認為這種詮釋投射了當代的性別角色預設。他檢視每組成對人像裡不具陰莖的人像，發現不具陰莖的人像和其他可能是男性的人像擁有共同特徵，像是小腿肌肉的誇張描繪等等，他也指出有些人類和動物的成對圖像裡，描繪的雙方都具有陰莖。葉慈的結論是，考古學家詮釋人類圖像時帶有異性戀的偏見，葉慈盡量避免複製偏見，建議考古學家思考其他可能性：也許比起男性和女性的對比，創作圖像的人群更關心其他對比。男性氣質突出的人像不只是男性而已：他們是男戰士。男戰士和其他人像都不一樣，其他人像也許是男性、也許是女性，但重點是他們不像戰士一樣英勇善戰。就這個角度來看，刻畫強壯小腿可能是和描繪「第一」性徵一樣重要的身體差異表現手法，讓古代觀者知道，男性氣質突出的人像更加強壯有力、肌肉發達，不同於一般眾人——不論是男人還是女人。

圖三十｜瑞典布胡斯地區青銅器時代岩畫的一對人像。

如何不再把異性戀視為理所當然

墨西哥中部的阿茲提克（Aztec）——也就是墨西加（Mexica）——是中美洲最早受到西班牙侵略的社會，阿茲提克社會認為大部分年輕男性都應該進入戰士團體歷練幾年，社會上以各種方式公開表揚戰士的武力。有些人可以選擇以戰士之家為終身歸屬，不過只要身為戰士，依照社會期待就不能結婚生子，主要的身分認同來自與同袍弟兄的連結。要認識墨西加社會，我們就不能畫地自限於性的二元模型告訴我們的單一男性氣質，還必須瞭解更多不同概念。[2]

提姆・葉慈對抗的是當代性別研究中最難以撼動的一點，也就是「性」的根本假設對研究者的影響：由於（部分）生理男性和（部分）生理女性之間的性關係可以繁衍後代，所謂的「性」自然是異性戀的性。一九九三年以來，考古學性別研究的視野逐漸擴大，從最初對於女性角色與地位的關注，擴展到對於性向（sexuality）等方面的思考，其中也包括同性關係在內。考古學研究現在提出了各式各樣性向再現的案例，皆無法簡單放入性與性別的二元模型。儘管如此，研究者還是會不假思索地套用舊有核心假設，不多做質疑。為了讓研究向前邁進，我們必須瞭解分析時如果先入為主採取異性戀觀點，會造成什麼樣的傷害。

人類學家凱特・韋斯頓（Kath Weston）等學者批評，性的二元模型本質上是「異性戀本位」（heteronormative）的模型，認為異性戀是自然狀態，因此也是標準狀態。[3] 韋斯頓確實發現，綜觀二十世紀發表的人類學研究，以同性關係為題者大幅增加，然而許多研究只是不做多想地描述他者社會，完全不會質疑最根本的假設。韋斯頓特別指出，這種研究骨子裡往往還是採取異性戀研究者的視角，民族誌探討的主要問題是主流異性戀對於「偏差」性行為有多寬容。面對制度化的同性關係，像是美洲原住民社會的例子，民族誌研究的書寫方式往往是從隱晦的異性戀作者觀點出發，把同性關係描寫得獵奇又不正常。

韋斯頓特別指出，人類學做出普同化解釋時往往丟失了特定時空脈絡。韋斯頓認為，學者使用「男性」和「女性」兩詞時，往往視之為放諸四海皆相關的二元對立詞，認為「男性」和「女性」能夠完整描述當地的性別觀，但這種做法其實毫無道理。使用性的二元模型本身提供的術語，當然只會一再複製性的二元模型。於是學者看到身穿類似女性衣物的生理男性，就只會視之為扮演女性的男性，不會認為他們是第三性；看到年長男性與年輕男孩發生性關係，就只會視之為一種情慾關係，忽略了當地人其實認為男性身體之間的精液流通是繁衍的重要環節之一。

拋開「性的二元」模型

如果考古學家採用性的二元模型，即使面對的是性實踐非常不一樣的古代社會，描述時依然會理所當然認定只有兩種自然且二分的性別，由雙方在生殖行為中扮演的角色所界定。考古學可以鄭重挑戰這種假設。[4]首先，我們必須體認到自己的詮釋方式下意識受限於性的二元模型的邏輯。即使某一群人的相似處只有外生殖器相同而已，性的二元模型卻會導致考古學家放大這唯一的相似處，忽視了這群人生活經驗的各種差異。性的二元模型會導致我們誤解其他社會和我們社會相比真正不一樣的地方，像是對於繁衍後代和身分認同的看法等等。

把性的二元模型投射到過去，讓考古學家在研究所有古代社會時，以為男男女女全都是繁衍後代的一分子，然而即使是身處異性戀關係的男女，情況也未必如此。許多身體狀況會影響個人的生育力；自古至今人們都會設法控制性行為的結果，避免懷孕或是中止非預期的妊娠；許多社會設下了社會藩籬，限制哪些人才有資格生育。

認為古代社會只認可異性戀關係是正常關係，導致考古學家誤以為某些關係不正常或不受社會認可，但事實上這些都是當時認可的正常關係。古典希臘社會裡年長男性與年輕男子形成的情感關係與性關係，都是當時的文本及視覺媒介以讚許態度再現的主題。考古學家如果沒有意識到自己由於偏好性與性別的二元異性戀模型而心懷偏見，可能會誤以為古代的同性關係代表他們違背了異性戀常規，然而當時的社會可能根本不存在這種二元的性直接對應二元性別的關係。

許多案例的情況是，性關係不限於只能和某一類對象發生，關係也可能隨著年齡、社會地位等因素而變化。古希臘社會期待男男關係隨著年齡增長而改變，同時男男關係不會妨礙男性另外和女性發展情感關係及性關係。墨西加社會期待身為戰士的青年在彼此身上尋求認同，但同時也鼓勵他們和年輕女性發展性關係，這些年輕女性不需為所屬的社會團體負擔生育義務，是社會認可的性伴侶。如果男戰士決定不要終身擔任戰士，可能會轉向婚姻之路，迎接為人父的人生。但也不是所有墨西加青年都踏上了這兩條路，有些人年紀還小時就被父母送到神廟，成為守獨身的祭司。進入神廟的男孩長大成為男祭司，儘管他們和年輕戰士及為人父的男性擁有同樣的身體性徵，但是他們的人生經歷和同樣獻身神廟的女孩更類似。墨西加社會裡也不是所有男孩女孩都按照社會認可的方式發展性生活。有文本警告男孩女孩不可恣意妄為，威脅他們最終不會有好下場，這顯示墨西加統治者擔心年輕男女可能投身同性關係，讓長輩和國家得不到未來將成為勞動力的下一代。[5]

拋開性的二元模型，可以讓我們在想像過去社會時看見更寬廣的可能性。我們必須重新尋找可以批判性地檢視今天大家認為理所當然之事的立足點，從這個穩固的起點出發，分析古代社會的器物。由此誕生的性與性別考古學實踐，路線無法一目瞭然，也往往難以預料這條路會帶我們前往何方。但是新的研究方法未必需要古典希臘社會或是墨西加社會的那種豐富文獻佐證，我們只要改變觀點，就可以發現更多潛在線索，讓新證據帶領我們認識古代的性別經驗。

戰士之美與編織者的技藝

在歐洲青銅器時代的社會，有些男性的陪葬品包括武器、飲酒用的器具，還有鑷子這類用來修整儀容的工具。如果用傳統考古學方法進行墓葬分析，學者會先檢視武器等物品，再按照性的二元模型的生硬定義，把墓主分類成男性或女性。不過考古學家保羅・特雷赫恩（Paul Treherne）改變焦點，轉而探討陪葬品說明墓主生前重視哪些價值。這些陪葬品不只單純點出男性特質，更勾勒出戰士生活中男性之美備受重視的一面。身為戰士的男性不是一般的販夫走卒，他們在世時身體需要細緻的形塑，死後依然備受尊崇。[6]

運用這種分析方法，可以從考古遺址的結構性堆積裡找出更多物品或廢棄物當成瞭解性與性別認同的線索。相較於過去考古學家尋找男性女性「考古印記」的做法，特雷赫恩理解這些物品的方法相當不一樣。墓葬裡的武器和剃刀不是既存男性認同所留下的線索；恰恰相反，歐洲青銅器時代裡，不同人運用陪葬品展現出不同行為，創造出和某些人不同、和某些人類似的區分感與歸屬感。行為不是單純反映既存的事物，行為創造了歸屬感。打理身體是戰士經驗的一環，不只能讓戰士和女性有所區隔，也讓戰士和其他男性有所區隔。

許多當代考古學的分析著重於探討特定行為與性別經驗之間的關係。研究古典馬雅女性生活的學者深知，參與織品製作或是研磨玉米等工作，其意義遠遠不只是投入所謂屬於男性或女性的工作那麼簡單。[7]在科潘等城市，貴族女性紡出精細的棉紗，再用棉紗織出精緻布料，布料的圖樣織出了神祇與祖先的象徵。古典馬雅女性生產的布料是獻給上級貴族的貢品，是儀式祭品，或是會裁製成貴族男女身上的華衣美服。紡織工具本身也是精緻的手工藝品，上面的裝飾象徵了編織者與超自然守護者的連結。製作織品是實踐性別的一種方式，當特定的圖像在流傳及織品在不同場合被使用時，性別展演的價值遂被強化。行為與再現相輔相成，一方面強化了實踐男性或女性身分的某些行為模式，可以想見一方面也壓抑了社會認為不妥的行為模式。

展演性別

古典馬雅貴族女性使用製作精良又裝飾講究的工具來紡織高貴華麗的織品，她們織布不只是在展演女性氣質，更是在展演屬於貴族階級的女性氣質。積習成常的行為若是得到他人肯定，就會演變成「正確」的經驗。有些時空脈絡也許會特別強調性別展演，但人生當中不是只有性別這一面會受到實踐行為與社會回應的影響。在實際生活中，性別也不能跟「身為人」（personhood）的其他面向切割而論。

性別展演並非天生本能，性別展演是學習與實踐下的產物。人們從小就開始學習特定行為模式，展演的各種面向不能彼此切割獨立。西班牙入侵後，十六世紀墨西哥中部的墨西加人以雜糅文字和圖像的方式書寫文獻，呈現了不同年齡的男孩女孩的典型理想行為（圖三十一）。日益成長的少女漸漸習得紡織和編織的技藝，紡織和編織不只是少女的一種女性氣質展演，也體現少女已經步入成年。[8]

這種性別化展演已經名副其實地刻進骨子裡，生物考古學家可以研究肌肉附著點、退化性關節炎的模式，以及生前活動造成的其他骨骼變化，揭露古人習慣從事的活動，[9]也能從這些蛛絲馬跡看出性別展演在時間推移下的變化。在歐洲接觸時代前的美國東南部遺址裡，男女骨骼由於重度勞動所造成的磨損都隨時代演進而日漸加重，不過骨骼磨損的部位不同，顯示男女工作的差異隨著時代改變而日益擴大。[10]比較肯塔基州的兩處遺址，一處尚未採行農業，一處已經採行農業，所有跡象都顯示女性的工作量增加，男性的工作量則持平或減少。伊利諾州遺址的另一份研究也發現，新採行農業之後，女性因為工作量比以前加重，骨骼磨損加劇，男性的工作量不變，不過由於骨骼磨耗情況出現變化，可以知道男性的工作內容有所改變。兩地的研究似乎綜合指出，在美國東南部各地，女性的

圖三十一｜在成人指導下，十一歲到十四歲的墨西加男孩女孩分別學習合乎其年齡與性別的工作

工作量在農業興起後加重，但是卻也有研究指出相反的結論。伊利諾州迪克森丘（Dickson Mounds）遺址的證據顯示，農業興起之後，男女的工作量都增加了，但是此地男性負擔的新工作更為繁重。

生物考古學家有時候可以把在人類骨骼上發現的現象當成特定行為的證據。針對加州丘馬什人的一項研究指出，早期遺址裡，男性與女性的骨骼磨耗程度接近，但是磨損部位不同。[11]男性在肩膀、手肘、手部磨損最嚴重，女性的工作則使膝蓋和脊椎磨損得最嚴重。這些差異可能是因為女性使用挖掘棍以及磨石，男性工作用的工具吃的則是肩膀和手臂的力量。這個研究同樣指出了時間推移下的明顯變化：在時代較晚的遺址，男性與女性骨骼磨耗的模式類似，這個時期的歷史文獻也指出男性和女性從事類似的工作。

美洲原住民遺址裡被鑑定成男性或女性的骨骼，並不總是遵循同樣的活動模式。就算社會存在刻板印象，依照性別分配工作角色，工作和性別的變異範圍也從不會完美吻合性的二元模型。[12]美洲原住民雙靈人從事的熟練工藝，有時候會和男性或女性的工藝重疊，因此雙靈人展演性別的方式不能被化約成非男即女。考古研究不再執著於「有多少種的『性』？」這個問題，轉而直接思考過去人群實際身體力行的生活方式，以及他們身體力行的各種行為如何受到鼓勵或壓抑，研究成果於是更加豐富精彩。

美的身體、性的展演

古典馬雅的陶器彩繪記錄了理想化的性別展演，畫面上年輕男性跳著舞、打著球，在年長男女的觀眾面前展示自己的身體。繪有或刻有這類生動場景的陶器用來盛裝食物飲料，是古典馬雅王公貴族宮廷所出土的物品裡廣受欣賞的文物。[13]博物館藏以及藝術書籍描繪的完整陶器裡，有不少其實是從非法發掘中搶救回來，陶器被違法從發掘國家輸出到國外，破壞了原本可以詮釋陶器意義的線索。部分完整陶器是由考古學家發掘，不僅如此，考古學家還發掘了大量的陶罐碎片。學者從許多罐子辨識出巧克力飲品的殘留物，佐證陶罐上繪畫或雕刻的文字標示了罐內盛裝的食物種類。[14]各地宮廷的宴會和日常飲食顯然都大量使用這類陶罐，陶罐也常常放進位高權重家族的墓葬裡。陶罐上刻畫的圖像必定是當時統治階層社會團體的日常生活裡處處可見的景象，社會團體的價值觀融入了圖像的主題。

圖像再現的主題也成了用來對照詮釋個人日常行為的模型，這是我們今天十分熟悉的經驗：當代爭議不休的問題之一是紙片人時尚模特兒的照片會怎麼影響女孩和女人。時尚圖像展現了理想化的身體，成為女性衡量自己的標準，她們努力想變成紙片人身材，有時甚至為此付出高昂代價。同理，古典馬雅宮廷裡流傳的視覺媒介也呈現了各種案例，當時的人以自身的性別展演重現典範，想必也以這些模型當作衡量自己身體的標準。[15]我決定研究古典馬雅城市流傳的這類圖像，探討這些圖像怎麼說明馬雅的男男女女如何制定（formulate）及再制定（reformulate）性別認同。[16]

我展開研究的第一步，就從試著跳脫性與性別的對應模型開始，畢竟只要概略瀏覽過十六世紀的文本就可以清楚看到，墨西哥及中美洲原住民的性別觀所涵蓋的概念，遠比二元的性更豐富多變。文本提到超自然的存在，同時涵蓋男性與女性的面向，有些人在不同時候可能是不同性別。這種變異性是藝術史家塞西莉亞．克萊恩（Cecelia Klein）所謂「性別模糊」（gender ambiguity）的一環，往往和政治權力的地位有關。[17]在古典馬雅社會與十六世紀的墨西加社會，有些男性官員似乎會做跨性別打扮，穿著當時一般認為屬於女性的衣物。

我好奇古典馬雅藝術中的圖像是否能夠顯示原住民如何擁有多重性別認同，就跟後來的文本一樣。一開始我假設「性」是生理上的既定事實，「性別」則是「性」經過詮釋後的社會建構——這是一九九〇年代初考古學界對於性與性別的普遍看法，但是我很快清楚發現，這種研究方法得出的結果根本無法反映古代馬雅人的生活方式。何苦把二十世紀末社會發明的概念，硬是套到古人的生活呢？我試著改用馬雅人自己的方式理解他們的性別認同，發現我們可以把視覺媒介當成主動的再現，視覺媒介是將性別觀念自然化的方式之一，不是被動反映出單純存在的事物。性別是持續塑造的過程，性別不是人的靜態類別，而是人的動態實踐。視覺再現是人們運用的一種素材，既用來展演自身性別，也用來塑造他人的性別經驗。

回顧當年的初步嘗試，我可以看到自己對性別的分析受到性的二元模型掣肘。把「性」獨立看成「真實」情況，讓批評者可以輕易攻擊「性別」是「虛假」情況，無法和人類生活的真實情況相容，當然更不能和「與生俱來」的生理性別共存。然而儘管一開始有些瑕疵，我改採另一種性別概念之後，體認到性別不是必然二元對立，性別的分類不會自動把全體男性歸成一類、全體女性歸成涇渭分明的另一類，這樣的新概念依然大大幫助我展開分析，正如無數研究者同樣因此獲益良多。

一步步疏理古典馬雅考古研究裡的性

一開始我研究了古典馬雅紀念性的雕塑及繪畫上的典型圖像，視之為女性、男性及其他性別的行為範例。我把這些媒介上再現的圖像與雕刻彩繪的陶罐以及陶製小雕像互相比較（陶器是以灌模方式或徒手捏製而成，從房屋群落出土）。比較之後，我很快發現必須特別說明，我這裡研究的女性氣質及男性氣質專屬於社會上的貴族階層。考古發掘工作很少觸及鄉村農民的房屋以及城市裡的樸素住處，這些地方就算有出土文物，也很少出現任何視覺圖像，可見社會的這些角落以不同方式塑造性別經驗。

我很快又發現了另一點：女性氣質和男性氣質最常見的圖像，描繪的都是青年或中年人。孩童和老人的圖像很少見，有些媒介甚至完全不描繪孩童和老人。陶瓷小雕像裡可以看到老年男女抱著嬰孩，也看得到孩童的小雕像。至於雕刻的石製紀念碑，即使石碑文字上說是幼童的孩子，也被描繪得宛如縮小版的大人，碑文記載說是年紀老大的人，則被呈現成正當盛年之貌。紀念碑藝術為什麼堅持把人人都描繪得有如年輕成人？還記得吧，圖像也可以是我們據以衡量自身的標準，這麼說來就有道理了：就好比現代的時尚廣告，古典馬雅圖像的贊助者及創作者希望投射出一種理想，成為人民對照自己的標準。企業打造現代時尚廣告，是希望說服消費者持續購買新產品，新產品保證能幫助消費者變成廣告上遙不可及的完美模樣。古典馬雅的統治者及貴族主導建造紀念碑，是希望人民相信統治者是理想形象，說服大家都應該據此標準衡量自己，如此才符合統治者自身的利益。

紀念碑上的人物圖像清楚呈現了異性戀成人的性別展演形象，同時也是演繹貴族地位及公共禮節的典範。女性圖像往往和男性圖像成對出現，可見「性」是貴族進行正式公開展演時相當重要的一環。塔季揚娜．普洛斯庫里亞科娃的研究原本就注意到，彼德拉斯內格拉斯遺址的「登基場景」裡，有女性人物站在地上仰望王座上的男性（參圖二十二）。[18]許多古典馬雅遺址都可以看到紀念碑成對出現，女性人物因此也和男性人物成對並列。

女性主義理論大家朱迪斯．巴特勒（Judith Butler）指出，性別是一種「持續不斷的行為」（incessant action），我將這點謹記在心，研究時不只注意衣著等視覺線索（這裡我借鑑普洛

圖三十二｜古典馬雅浮雕中手持圓盾的女性。

斯庫里亞科娃的想法，透過衣著來分辨人物是男是女），也用心觀察人物的舉止。分析紀念碑圖像後，我發現男性和女性有許多共通動作。男女都握持最重要的王權象徵：兩端皆有蛇頭的棒子，或是斧柄形狀是馬雅神祇模樣的斧頭。男女都站在敗北戰士的背上，就連男性人物展示的盾牌和武器，在女性人物身上也可以看到對應的器物（圖三十二）。這些行為共同構成喬伊斯・馬庫斯（Joyce Marcus）所謂的「權力圖像學」（iconography of power），是統治階級理應展現的行為。[19] 呈現的形象不區分男女之別，男性和女

圖三十三｜
古典馬雅浮雕中手捧布包的女性。

性同樣被描繪成統治階級的一分子。

有些在男性身上比較少見的動作，有時候是女性人物和男性僕人共通的動作。紀念碑刻畫出貴族女性手捧著布包起來的東西，或是捧著打開的碗或籃子（圖三十三）。攤開的布包和碗裡盛放著的是典禮儀式使用的器物。典禮是政治儀式的一環，圖像裡的貴族女性和男性成對出現，協助男性進行典禮。我認為還可以將這些動作表現連結到小雕像和陶製器皿等視覺媒介，衍生出其他可能的解讀。

混和媒介：紀念碑與小雕像

我一開始之所以會研究起小雕像和器皿上的彩繪與雕刻，是因為紀念碑永遠只能告訴我們一小群統治集團的經驗，不可能提供關於其他人的資訊。有些學者主張這些小集團推崇的價值觀，為古典馬雅全體社會樹立了人生的條件與價值觀。不過其他研究者不同意這種說法，我也是其中之一，我認為菁英圈之外的人很可能擁有迥然不同的生活方式，抱持截然不同的價值觀。即使是在貴族階級內部，我也預期統治家族的價值觀會和其他貴族家族的價值觀出現拉扯。在貴族家族之內，我懷疑年齡及社會地位不同的人也會有不同價值觀。

勞動者承擔了古典馬雅社會大部分的工作，但勞動者的房屋很少被發掘，貴族的房屋倒是有比較豐富的探勘成果，從中出土了許多陶瓷小雕像以及刻畫有人物主題的陶罐。將這些視覺再現與同時代紀念碑上的圖像相比較，有兩點特別突出。第一，陶瓷藝術再現的人類經驗整體上多樣性更豐富，人物包括了年齡各異的男女老幼，動作的種類也比紀念碑上更變化多端。陶瓷藝術表現的男性動作和紀念碑上的男性動作有所重疊，不過小型圖像上的女性動作有許多都不見於紀念碑。女性不只會捧著碗和布包，陶瓷藝術中的女性人物也會研磨玉米及紡織布料（圖二十七）。女性人物手捧的碗裡盛放著圓球體，可能是玉米粽（tamale）或其他食物。我認為紀念碑場景裡貴族女性手捧布包或打開的碗，會讓觀者想起同一時期貴族家中女性勞動的成品，而這些就是小型圖像所描繪的女性的勞動成果。

第二，雖然小型圖像再現的成年人形象在許多方面都能和紀念碑上的圖像相互對照，但是兩邊的女性服裝卻出現了落差：小型圖像上女性的穿著往往袒胸露乳（參圖十一），紀念碑上則以圖案豐富的衣袍遮蔽胸部。考古學家凱倫·歐森·布恩斯（Karen Olsen Bruhns）指出，古典馬雅紀念碑上女性穿著的華美服飾，就好比歐洲女王或皇后的華麗朝服。[20]我們不會認為一般歐洲女性會穿上宮廷華服，同理，古典馬雅貴族女性身上的衣袍也不是女性的典型服裝：她們的衣袍代表公共角色的展演，是居於特定社會地位的女性專屬的角色。有些人物根據碑文記載是男性，但他們身上的服飾有一部分是紀念碑上女性穿著的衣袍，這種「跨性別打扮」的證據至今仍是馬雅研究裡方興未艾的爭論議題。[21]

綜合以上觀察，我認為紀念碑無意強調性別差異，反而有意把男性和女性都呈現為同屬統治團體的一分子，擁有共同的利益與價值觀。小雕像和陶罐展現了年齡及性別不同的各式各樣身體差異，紀念碑則描繪了理想化的年輕人形象，是貴族投射出不朽青春的權力形象。小雕像和陶罐表現了男男女女的各種活動，有些是分屬不同性別的工作，紀念碑則呈現了男性和女性共同進行的儀式行為。

細觀身體

紀念碑上刻畫女性的衣袍時，絲毫不著墨衣袍底下的身體曲線，這點十分耐人尋味，畢竟同樣的紀念碑卻興致盎然地細細描繪了貴族男性的手臂、軀幹、雙腿。男性和女性都以理想化的年輕姿態出現，身體以各色珠寶和華衣美服裝飾美化，於是我開始注意到必須更仔細觀察古典馬雅的視覺圖像到底如何描繪身體經驗。

不管是紀念碑還是陶器上彩繪或雕刻的多人物構圖（圖三十四），精力充沛的年輕男性身體都是年長男性及成年女性的凝視對象。[22]彩繪陶器所描繪的宮廷場景中，年長男性坐著觀賞成群的戰士、運動員及舞者，紀念碑上的女性則仰望或坐或站的男性。馬雅視覺媒介中比比皆是的男性圖像提供了豐富證據，證明煥發青春活力的理想化男性身體是男性和女性共同凝視的對象。我認為在古典馬雅社會的貴族階層，年輕男性是美的典範，欣賞年輕男性對於男性和女性都是稀鬆平常之事。

如果馬雅社會欣賞年輕男性之美，是否可以說這種欣賞之情會引發男性之間的同性關係？鑑於現代考古學的恐同基調，這個論點頗受爭議，也無法輕易被接納。一旦大家認為異性戀活動是常態，就會認為同性關係必定是異常或逾矩的行為，不是社會認可或理想的關係。當代考古學家普遍抱持的文化態度，一方面對性十分在意，一方面又認為性是私密經驗，同時可能構成受到公開羞辱的理由。然而考古學可以清楚提醒我們，這是非常現代的想法，儘管其脈絡淵源廣為人知，但我們必須更明確梳理出這種想法如何影響我們詮釋過去線索的方式。

空間與性

古代社會的性不一定受到嚴密監控，也不一定都被畫進私領域。考古學家林恩·梅斯凱爾（Lynn Meskell）研究埃及新王國時期在德爾麥地那（Deir el Medina）修建王陵的勞工家屋，指出最公共的接待室裡充滿了性的圖像。

[23]古希臘和古羅馬房屋的室內裝飾也有類似現象。對於性採取比較公開的態度不是專屬於歐洲的傳統，考古學家芭芭拉．沃斯（Barbara Voss）描寫西班牙殖民時期的加州原住民社會，提到西班牙傳教士晚上刻意將男女分隔在不同就寢區，避免男女之間發生性行為。不過加州原住民社會的性行為其實是在遠離房屋的戶外進行。[24]

初步探討了古典馬雅藝術如何將純男性的青年團體描繪成美學主題之後，我想進一步提問，是否有證據指出同性之間的社交往來（甚至包括性關係）是社會認可的行為。[25]十六世紀的文獻記錄了古典馬雅人後代的說法，當時馬雅的年輕男性會一起住進

圖三十四｜古典馬雅多彩陶罐上描繪的宮廷場景。

公共會所，精進運動競技以及舞蹈方面的技藝。西班牙史料指控住在會所的年輕男性對於年輕女性犯下了性犯罪，同時斷言男性之間沒有任何性關係。然而同一時期的字典裡，有些條目收錄了形容男男性行為的字詞，讓人不禁對猶加敦馬雅人沒有同性性行為的武斷說法起疑。在西班牙入侵後的幾百年間，猶加敦馬雅語書寫的手稿屢屢提到政敵從事男男性行為。由於西班牙傳教士將同性性行為斥為罪行，我們不能認為馬雅報導人談到哪些人從事同性性行為時會把情況和盤托出，也不能單獨拿這些時代較晚的史料來推論幾世紀以前的情形。

我在許多古典晚期的馬雅遺址發現了可能是年輕男子會所的建築，相當符合十六世紀文獻的描述。這些建築往往類似同時期的住宅群落，但是可能缺少烹煮食物之類的居住活動證據。男子會所可能比同時期的房屋更寬敞，能夠容納更多居民。奇琴伊察以及烏斯馬爾（Uxmal）等遺址的男子會所都裝飾了大型陽具雕塑。男子會所可能位於球場附近，有些房屋上刻有跳舞以及運動員玩球的情景，讓人聯想到這些活動和年輕男性之間的緊密關連：古典馬雅藝術以及十六世紀文獻都提到了年輕男性透過舞蹈和球賽公開展現其能力。

古典馬雅遺址很少出現實際描繪性行為的場景，就目前所知，住宅裡從未出現這類場景。納圖尼奇（Naj Tunich）洞穴裡發現了幾幅描繪性行為的圖像，藝術史家安德莉亞・史東（Andrea Stone）辨識出男性自慰的場景，緊鄰的是兩個裸體站姿人物的側面像，兩個裸體人物互相擁抱，一人陰莖勃起，另一人原本被詮釋成女伴。後來史東特別指出，第二個人物的細節特徵更像是古典馬雅男性會出現的樣子，因此她認為相擁的兩人都是男性。[26]

說某些古典馬雅城市有特定場所供年輕男性社交往來，或許也供他們居住，這種說法基本上沒有爭議。但如果要更進一步，主張古典馬雅城市的年輕男性擁有同性情慾，也實際發展同性關係，卻名副其實地引起了某些學者反彈。反彈意見裡有一點很有意思：後古典馬雅及墨西加等社會團體認為生兒育女是對家族及國家的責任，社會價值觀極度重視男女性行為，反對者顯然認為同性情慾與實踐無法和社會重視的男女性行為相容。這種異性戀本位觀點規定人人都只有一種天生的性傾向，之所以允許同性情慾存在，完全是因為同性情慾這個例外能夠反證規則。不論凝視者是男是女，凝視年輕男性身體的渴望目光都是古典馬雅視覺文化中的普遍現象，古典馬雅將年輕男性的身體描繪成慾望的客體，同時也襯托了為人父母的男女以及孩子是重要的主體。

古典馬雅這類圖像呈現的男女性向的身體典範，和他們的性生活及生育觀到底有何關連，這應該是留待研究探討的主題。但是預設男女性行為是古代社會的主流常規，和其他性經驗不相容，等於是在好好探討各種性行為以前，就先為問題設想了答案。

超越異性戀伴侶的生殖

沿著祕魯北海岸的一片乾燥大地，多條河川匯聚之處形成農業社會蓬勃發展的地方。考古學家最近在其中幾個河谷發掘了莫切文化（Moche）的奢華墓葬，莫切文化的知名特色之一就是陶器上露骨的性行為描繪。墓葬裡，一名生理男性位居中央，平躺長眠的遺體上穿著帶有珍貴金屬裝飾的服裝。墓塚的其他地方安葬了多名男女，多半也身著昂貴服飾。主要墓葬及次要墓葬裡都有大量容器陪葬，擁有莫切文化風格的外型及彩繪。研究了博物館藏的器皿之後，藝術史家和考古學家成功辨識出近期出土墓葬裡墓主身上的服飾。墓主的服飾出現在瓶罐上繪示的圖像中，瓶罐描繪了各式各樣的典禮，學者認為某些場景表現了儀式性戰鬥及活人獻祭，某些場景則表現了墓葬儀式。[27]

考古學家及藝術史家特別強調，一些莫切陶罐上描繪的性行為深深背離了異性戀常規。口交及肛交相當常見，學者根據陶罐這種媒介上的描繪，認為莫切文化的性向著重於滿足男性，排除了女性的慾求。研究者習慣以「非生殖性」來形容口交和肛交等性描繪，於是討論中運用的詞語全都源自異性戀本位的性向觀：男性陰莖進入女性陰道進行授精是正常的性行為，除此之外都是反常的性行為。[28]

人類學家瑪莉．魏斯曼特爾（Mary Weismantel）曾經研究厄瓜多安地斯山脈地區的家庭繁衍與親屬關係，她受到對異性戀本位批評的啟發，也從自己的民族誌研究獲取靈感，以相當不同的切入點研究同一批莫切文物。[29]魏斯曼特爾開宗明義直說，我們不能假設古代莫切人對於生殖繁衍的看法和二十世紀的歐美人如出一轍，因此不能只因為今天的生殖繁衍模型不需要某些性行為，就把這些性行為的描繪貼上「非生殖性」的標籤。魏斯曼特爾指出，民族誌學者描述了各種生殖繁衍的理論，有些理論認為，要讓嬰兒順利發育成長，除了男女的性交，還需要其他物質的循環。哪些行為具有生殖性，多少取決於人們認為嬰兒如何誕生。生殖繁衍所需的行為，除了異性戀本位模型中認定的父母兩人之外，可能還需要其他人參與。

十六世紀墨西哥中部以歐語字母拼寫的墨西加語文獻提供了一個例子。墨西加人認為年輕女性能夠懷孕，有一部分得力於特定的超自然神靈之助，沒有超自然神靈的協助，性行為不會有效果。懷孕後，孕婦必須在產婆的指引下，在房屋院落中進行發汗浴來協助胎兒發育。如果沒有神靈之助，或是沒有在一旁協助進行發汗浴的女性幫忙，生出來的嬰兒可能會缺乏內在生命力，或是由於體內空洞而夭折。[30]沒有更完整的敘述能告訴我們墨西加社會普遍的性生殖觀，但即使是十六世紀文獻所保留的零碎資訊，也能告訴我們當時的生殖理論認為孩童是從生者與超自然神靈共同交織的網絡誕生，網絡牽涉的遠比當代學者認定的父母兩人更廣泛。

魏斯曼特爾認為，莫切人將陶罐上描繪的性行為，與代代相傳的祖先本質連結，祖先的本質從死者傳承給生者。莫切文化將骷髏人物的性行為和喪葬儀式並陳描繪，這個現象讓當代考古學家大惑不解，魏斯曼特爾則主張，畫面中的性行為不只連結了從事性行為的兩具軀體，也連結了已逝的祖先。過去認為口交和肛交無助於嬰孩身體的發育形成，魏斯曼特爾挑戰這種說法，認為也許莫切人擁有不同於現代歐美的模型，身體物質會在不同身體之間傳遞循環。魏斯曼特爾指出，莫切的性交場景裡常常出現哺育孩童的畫面（圖三十五），可見莫切文化描繪性行為的陶罐具有明顯的社會性：陶罐不是頌揚成年男性性經驗的

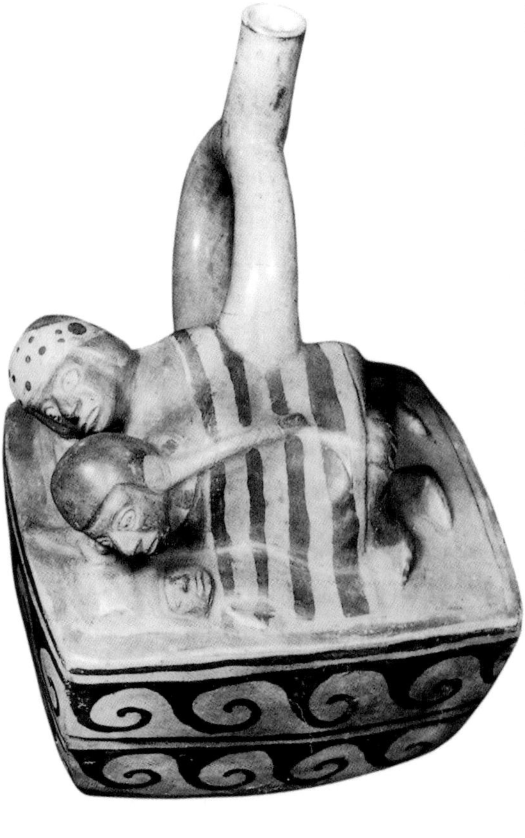

圖三十五｜莫切文化描繪性行為的瓶子，包含了男性、女性、小孩。

媒介，陶罐展現了遠比異性戀本位模型想像下更廣泛的連結，以成年人的性作為中介，連結起祖先與孩童。

超越生殖的性

根據十六世紀的文獻記載，獨身是墨西加人正常的人生選項之一，孩童會在年紀非常小的時候就決定踏上這條路。[31]決定獻身神廟的孩童會在原生家庭成長到少男少女的年紀，因此墨西加家庭裡名副其實撫養著多種性別的孩童：有的男孩女孩將在成年後進行性行為，有的孩子則終身獨身禁慾。

異性戀本位主義導致學者不願意承認古代可能存在同性關係，也導致學者將單一的生殖繁衍模型普同化。這種成見也可能導致我們忽略了不在生育框架內的性生活。考古學家提出了豐富的性生活論述，獨身禁慾以及性工作等方面亦有著墨，這些重要案例可以告訴我們，古代社會對於性的期待如何影響人的生活經歷。

墨西加政權敗在西班牙人手下之後，孩童的訓練過程被記錄下來呈給新政權。這些描述提到，男孩在父親指導下進行成年後可能要負責的工作，像是收集木材、釣魚等等，女孩則在母親教導下學習紡織、編織及其他家事（參圖三十一）。但是記載裡沒有提到日後將獻身神廟的孩童，他們是和其他男孩女孩接受一樣的訓練，還是接受了另一種教育？我們知道獻身神廟的男孩及女孩負責打掃整個神廟區。人類學家路易絲・柏克哈特（Louise Burkhart）指出，對於成年女性而言，打掃住家院落是一種儀式行為，女性打掃住家是為了支持家中男性參與戰事，也和男性上戰場一樣重要。決定獻身神廟的男孩是否在原生家庭接受了跨性別的打掃工作訓練？[32]傑佛瑞與莎麗絲・麥卡佛提（Geoffrey and Sharisse McCafferty）研究發現，神廟中的成年女性往往能採取和成年男性一樣的行動。終身奉獻給神廟的命運，是否為這些年輕女孩帶來了不一樣的機會？[33]

呈給西班牙政權的文獻避談孩童的性生活教育，但是性教育很可能是年幼孩童學習內容的一環，不論學習是以直接方式或間接方式進行。面對日後將獨身禁慾的孩童，原生家庭的成人想必會給予不同的期待與教導。既然我們知道墨西加家庭裡有的孩童已經確定會走上一輩子獨身的道路，在詮釋家庭物質遺痕的時候，除了一向倚重的二元異性戀生殖模型之外，我們還必須納入更寬廣的想像。家屋是孩童以多種方式體會性向情慾的場所，墨西加城市的神廟群則是孩童長大成人之後完整實踐這種性生活的地方。

獨身的場所

獨身禁慾的成人經常占據自成一格的空間，中世紀英格蘭就是一例，禁慾獨身者當時生活在特定地點，其生活形塑的痕跡成了今天考古學家可以研究的對象。考古學家羅貝塔・吉爾克里斯特（Roberta Gilchrist）檢視隱修女否定肉體情慾、在隱修院的封閉生活，如何導致她們將慾望投向基督，促成了性慾內化的經驗。[34]吉爾克里斯特從文獻梳理出中世紀對於女性天性的看法以及對於隱修士、隱修女的期待，指出隱修女理應隔絕於外界，不過仍應置身於女性社群之中。教堂需要神父主持，往往與隱修士社群或是平信徒分享空間。從教堂的布局就可以看到隱修女被刻意隔開，有時還特別為選擇終身隱居的隱修女另外設置房間。

考古發掘發現，相較於同時代的男性隱修院，女性隱修院的衛生水準比較原始，垃圾更多，伙食也更差。吉爾克里斯特認為，詮釋考古成果時必須一併考慮到文獻中強調隱修女必須約束身體這點。貫徹自我約束，就能實現與神的心靈交流。吉爾克里斯特指出，隱修女與基督的心靈交流，成為當時隱修院保留下來的視覺圖像主題。吉爾克里斯特引用女性的異象（vision）敘述，主張雖然男性權威認為隱修女的機構化是對肉體性慾的否定，但是女性自身的經驗卻指出其性慾化成了向內探索的慾望。

對考古學家來說，在過去男男女女生活所遺留下來的各種痕跡中，建築是格外寶貴的證據，因為建築物歷久不衰，發現的地點一定就是原址，即使只剩斷垣殘壁，也能保留原本的格局。建築不只是人們展開日常生活的地方，建築還有另一大重要功能：安排個人的生活經驗，不同人因而體會不同生活。離開社會隱居、將特定群體隔絕在特定空間、不與他人接觸，這些空間經驗都會改變與他人相處的性質、頻率及親密度。由於他人是性別展演的參照模範（就跟人物圖像一樣重要，甚至有過之而無不及），改變與他人接觸的頻率及親密度，將會改變我們心目中的行為模範。吉爾克里斯特研究的社群顯示，在與世隔絕的純女性隱修院社群裡，性別展演的模式以及評判他人性別行為合宜與否的權威，都與隱修院牆外性別混和的社群不同。

近代史中的「性場所」

十九世紀到二十世紀初，全美各地城市都有共同生活的女性社群，她們不受異性戀經驗的規範管轄。就跟中世紀的隱修女一樣，她們居住的建築為今天的考古學家留下線索，讓考古學家得以窺見她們獨特的性生活如何改造其日常經驗。這些女性是住在妓院的性工作者，儘管中央權威不贊同這種文化行為，卻仍默許其存在，妓院一度在城市某些地區欣欣向榮，遺址在後來都市更新計畫開挖下重見天日。[35]

就某個角度來說，妓院遺址和其他住宅遺址沒有分別，考古學家一樣在這裡找到了日常生活的物質痕跡，看到居民料理食物、享用食物，看到居民的行動坐臥、生老病死。但是我們知道此地進行的性行為出於商業交易關係，不只是發自情感關係，因此難免會想把這些遺址化約成只是逾越了性規範之地。然而妓院遺址其實可以幫助我們瞭解出現在其他家戶的行為多大程度上反映了社會普遍認同的價值。考古研究能夠告訴我們，住在妓院的生活，和住在同一地區但並非性工作者的生活，兩者有何不同。

十九世紀末華盛頓特區中部的一間妓院裡，居民購買及享用了奢侈的飲食和奢華的餐具，比同時代的家戶豪奢許多。[36]學者在妓院旁的土地發現丟滿垃圾的掩埋坑，距離美國國會大廈只有數步之遙，他們比較了妓院的垃圾和十九世紀末華盛頓特區各地房屋的垃圾樣本。

妓院的居民及顧客丟棄的餐具包括最新潮的陶器、象牙器、瓷器，上頭皆有優雅裝飾。相較於附近的家戶，這裡出土的餐具數量更多，和這裡更大量的用餐人數相符。妓院供應的食物也別具一格：有法國香檳、牛肉、豬肉、羊肉，無不是最高級的肉類，還有野鳥、海龜、魚類、水果、莓果、蔬菜，更有要價不菲的進口椰子和巴西堅果；從丟棄的骨頭、種子、容器可以看到這些食物的蹤跡。住在這裡的女性透過性工作，實質上成了深宅大院的一分子，過著優渥的生活，假如她們從事其他工作，可能無法達成同樣優渥的生活條件。

來到加州洛杉磯另一座十九世紀末的妓院，證據指出這裡一樣有各式各樣的高級餐具以及奢侈飲食。[37]妓院遺址保存在停車場的柏油路面下方，考古學家找到房屋地基、垃圾坑、水井的痕跡，後院還有不再使用後被填平的廁所。

在洛杉磯這間妓院，研究者看到了從事性工作帶來的特殊生活挑戰：避孕藥、治療性病的藥物、止痛藥、美容乳液，這些東西都比隔壁不是性工作者的房子更常見。其他妓院的遺址也可以看到性工作者竭力避免懷孕的證據，還有新生兒及死胎的遺骸。雖然許多妓院都準備了精緻的餐具，也供應多樣化的高級食物，但在某些妓院同樣可以清楚看到，在此工作的女性日常不能使用高級的陶器，也不能享用昂貴的美食，佳餚美器都是為了尋芳客而布置的場景之一。[38]

對於在妓院工作的女性，性工作也許是她們少數可以賺到足夠錢財的維生管道之一。她們留下的器物遺痕呈現出主要由勞動女性組成的家屋，她們的性生活則讓她們與同住一城的其他女性有所區別。性工作場所居民的自我意識必定不同於一般女性勞動階級的社會期待，儘管她們實踐性別展演時所運用的東西和生活在傳統家戶裡的女性大致相同。妓院遺址留下了這些女性努力避孕以及預防性病的痕跡，提醒了我們在其他時空背景下，女性和男性必然也要設法克服類似挑戰。認真看待男女生活中的性生活面向，將為當代考古學帶來一系列全新的研究課題。研究這些問題時，考古學家必須深入思考研究對象在古代經歷的性生活，也必須拋棄將性別與性分開而論的研究方法——不應該把前者當成單純的身分類別，也不應該把後者當成生理上的現實狀況。

古代性別研究的未來展望

從當初追尋古代女性的身影以來，考古學已經走過了漫漫長路。想要理解性與性別，我們必須避開先入為主的分類，否則研究結果必然會反映出分類的預設立場。體認到這點之後，我們就能以全新方式認識歷史的獨特面向，認識投射在藝術和物質文化的悠久歷史與價值觀，以及個人生活如何與之連結、產生意義。性與性別的考古學現在涵蓋了多種男性氣質，就跟女性氣質的種類一樣豐富，其探討的性關係大大背離了當代規範，其探究的不同文化對於性向及生育另有看法，挑戰我們今天習以為常的觀念。性別差異依然是真確實在的研究主題，但是現在我們知道，觀察到差異時，必須反問差異是不是來自性與性別的相關面向。我們可以運用各式各樣的證據來研究這些課題，從死者的生前活動留在骨骼上的身體痕跡、生者創作的圖像，到房屋、神廟的遺跡，以及日常生活用品和特殊場合用品的遺留物。考古遺址裡的大小事物都有機會回答性與性別的問題。

羅貝塔．吉爾克里斯特援引哲學家伊莉莎白．格羅斯（Elizabeth Grosz）的著作，堅持研究「性」的同時必須一併考慮性別導致的不同社會經驗所造成的影響，性別不只是停留在身體外貌和行為的膚淺「標籤」，性別更深刻反映了人生經驗如何影響人的自我認識。格羅斯指出，人的經驗構成了他們對自己的心理認知，她喜歡用莫比烏斯環來比喻性別研究的理想分析樣貌：把一條紙帶扭轉半圈後頭尾相黏，裡面和外面就形成了連續的環。莫比烏斯環沒有兩面，不是表層的外面加上更深層真實的裡面，莫比烏斯環只有一面。經驗不比身分認同膚淺，身分認同也不比外表深刻；外表、經驗、持續變動的自我意識，三者共同流動變化。就跟其他對當代性別考古學有重大貢獻的理論家一樣，格羅斯也拒斥性與性別的二元分類，這種二元分類認為一者重要而根本，另一者膚淺而表面，一者長存不衰，另一者轉瞬即逝。[39]

性與性別考古學的目標不再只是以矯正過的方式去尋找過去女性的身影，或是解釋歷史如何發展成男性支配女性的樣貌。過去，考古學是提供古代女性掌權等例外個案的資料庫，今天的考古學家則批評大家過度簡化詮釋考古資料，斷章取義地尋找母權社會、亞馬遜人及女王存在的證據。近幾十年來，學者完成了許多公開表明女性主義立場的考古研究，他們透過家戶考古學等專業，將研究焦點放在一般人的生活，描述了乍看之下是傳統勞動分工與權威之別的男女差異。那麼考古學的性別分析又能為當代的婦女及性別研究帶來什麼樣的啟發呢？

CHAPTER 5 像男人及女人那樣活著

諸如食物的殘留物、小雕像、碗的碎片等等，這些考古學家分析的證據不僅只是古人如何生活的痕跡，這些器物其實也改變了人的生活方式。過去人類的生活樣態遠比當代世界更加多樣，甚至也比文獻中所描述的片段過去經驗更加豐富。考古分析讓我們有可能發現各式各樣的人類生活，甚至會揭開完全意想不到的性別經驗。性與性別考古學的宗旨是打開新視野，讓我們用全新眼光研究古人的生活經驗，尤其是因性與性向差異所造成的不同生活經驗。作為一門研究「物」為主的學科，考古學從最不起眼的物質痕跡抽絲剝繭出關於過去人類生活的資訊，考古學能夠告訴我們人類生活如何與物質緊密相連，而在不同時空背景下的器物又可以如何主動塑造出各式各樣的人類經驗。

當代的婦女與性別研究認為，儘管女性全體的地位始終低於男性，但是階級、種族族群、年齡、生育經驗不同的人，各有獨特的優勢和劣勢，不能直接化約成單一類別的全體女性或全體男性經驗。考古學家探討身為男性和女性的經驗，探究性向所致的不同慾望及生命經驗，加上階級、族群、種族之分的影響，梳理出古人的多元人生，這些是當代考古學對古代性別研究的最前端。當代性別考古學已經丟棄過去那套簡化的刻板印象，改而更豐富細膩地描述古人的生活，最終能夠化為我們在論戰中的利器，說明先天特徵不等於命運已定，性別不平等也不是歷史的必然趨勢。

活出有意義的人生：黑人助產士的考古研究

一九九四年，阿拉巴馬州莫比爾（Mobile）的一座公園在整修時發現了考古遺址，歷史考古學家喬治・蕭特（George Shorter）與羅利・威爾基（Laurie Wilkie）前往發掘，找到了十九世紀末至二十世紀初一間房屋遺址留下的兩處早期文化層。儘管公園先前的工程已經把原本可能保留的這時期地面給抹除，這兩個文化層埋藏的堆積物仍然蘊含豐富資訊，能讓我們一窺當時非裔美人佩里曼（Perryman）一家人生中的兩個時刻，這個黑人家庭住著馬修（Marshall）、魯克麗絲（Lucretia）夫妻和他們的孩子。佩里曼一家大概從一八六九年搬進這間房子，後來魯克麗絲在一九一七年去世，她的子女繼續握有這片土地大約十年時間。第一處保留下來的文化層是一個淺坑，大約於一八八五年前後形成的垃圾堆積淺坑，第二處則是一九一一年前後填平的廢棄水井。一八八五年丟棄的垃圾包括約一百片的玻璃瓶碎片以及一百五十片的陶器碎片，碎片大約來自他們一家使用後丟棄的五十五件器物。井裡的垃圾數量更多，種類也更多元，大小碎片來自將近七十個陶器、至少五十個的各式玻璃容器、至少八十個的玻璃瓶，還有各式各樣的裝飾品和實用器物，從陶瓷小雕像到將近三百個骨頭碎片，是一家人吃肉的廚餘。考古學家羅利·威爾基從發掘的這兩處器物群重建了佩里曼一家的日常生活樣貌。[1]

魯克麗絲·佩里曼出生時是奴隸，後來成為自由之身，根據一八八九年起的文獻紀錄，魯克麗絲從事助產士工作，至少一直執業到一九〇七年為止。威爾基的研究關心屬於不同性別、種族、社會地位團體的人各有什麼不同經驗，其分析最精彩之處，在於能夠有血有肉地詮釋像佩里曼這樣的助產士如何影響社群。威爾基示範了特意關注性別經驗可以如何改變考古詮釋。

威爾基辨識出凡士林、古龍水、魚肝油等商品的容器垃圾，這些不只是家庭一般使用的商品，更是助產士工作上使用的物品。威爾基從物質遺留出發，再對照史料，探討物品的使用方式。她所研究的物品中，許多不只和懷孕生產有關，更是十九世紀用來節育的物品。威爾基認為佩里曼在社群的節育上也扮演重要角色，她在古井裡找到了超過一百二十個丟棄的藥品空罐，應該是專利藥物、藥劑等等，他也發現像是灌洗器等工具，這些都是節育用藥品。

威爾基也研究了其他可能是家中使用或展示的物品，找出這些物品和十九世紀末美國母職理想形象的關連，這樣的理想讓佩里曼深深心嚮往之，願意花錢購買相關商品。[2]井裡發現了丟棄的陶瓷小雕像碎片，小雕像還完好無缺的時候會是客戶和鄰居上門時映入眼簾的屋內擺飾。威爾基抽絲剝繭，分析出這些大量製造的小雕像是因為哪些維多利亞晚期社會的價值觀而廣受歡迎，也說明佩里曼一家挑選的小雕像和助產士一職有何明確關連。其中一件雕像是一對小天使像，一尊天使彈奏樂器，另一尊以手扶耳聆聽樂曲，小天使代表了理想的孩童身體，「雙頰柔軟圓潤，嘴唇豐滿嘟起，頭髮微捲」，同時「四肢健壯，肚子圓滾滾」。井裡出土了一個經典圖像裝飾的火柴盒，畫著餵食老鷹的女性，典故很可能取自希臘神話宙斯和塞墨勒（Semele）的故事，塞墨勒是戴奧尼索斯（Dionysus）的母親，傳說戴奧尼索斯是在母親臨死前被從母親體內救出，於是成了剖腹產的先驅。除此之外還有許多娃娃的碎片，包括一尊大型的「芙蘿拉朵拉」（Floradora）娃娃，以及一個小巧的「冰人夏綠蒂」（Frozen Charlotte）娃娃。娃娃看似是用在助產士的工作上，不過根據威爾基收集的各種文獻，包括媽媽手冊、廣告、全國黑人社群領袖所撰寫的社論，當時的社會認為玩具是塑造理想家庭生活的重要一環。

威爾基根據從遺址發掘出的微不足道的廢棄物，精彩描繪出魯克麗絲．佩里曼的人生，魯克麗絲出生時身為奴隸，無法全面掌控自己的生育計畫和孩子的命運，不過她的人生最終得以為新手媽媽提供道德指引和醫療協助。假如研究展開時考古學家尚未深思性與性別的問題，研究又會變成什麼樣子？

「性」的問題意識如何改變考古學

假如考古學家未能利用性別角度來思考，那麼描述井中物品時，大概會將之籠統詮釋成一般家庭購買使用的物品，也許會認為這些物品代表了一般美國黑人的生活，或是一般貧苦勞工的生活。這種籠統的想像會認為女性負責打理家務，男性則出外打拚，負責賺錢養家，家中女性相對於男性處於被動的角色。至於具體的性別經驗則根本不在討論之列，因為學者一般僅認為家戶是由成人及孩童組成的單位，卻完全不思考家戶內孩童如何誕生，又如何在成長過程中瞭解自己的成人角色。

假如威爾基的研究是在第一波性別考古學的思潮下問世，那麼威爾基可能會從出土器物尋找男性與女性分別從事的活動，將某些器物分類成屬於男性或屬於女性，模型裡已經預設兩性的分類，分別屬於男性或女性的器物也就自然證明了兩種性別的存在。接下來端看她決定用什麼樣的方式探討男性和女性扮演的角色，她可能會從歷史紀錄尋找女性處於經濟劣勢的證據，或是女性在法律上無權掌控自己命運的證據。

不過由於此研究在豐富的性別研究啟發之下，特別是非裔美人學者探討女性生活的觀點，使得威爾基做出不同的討論。由於知道佩里曼一家中有位助產士，使得威爾基能夠深入探討女性在當年的時空背景下如何體會母職角色，還有從奴隸之身解放獲得自由的家庭發展出了什麼樣的價值觀。威爾基於是體認到，在這個時空背景下，以相當傳統的角色在家庭外工作的女性，能夠成為社群中深具影響力的人物。

威爾基不只重新詮釋消費商品，更重新想像了佩里曼一家及鄰居的生活。根據威爾基的描繪，魯克麗絲・佩里曼刻意按照十九世紀末的理想家庭生活為黑人社群塑造母職典範。威爾基帶我們看見佩里曼家一步步站穩腳跟，在魯克麗絲丈夫馬修的努力下買下土地。馬修不識字，不過他商請白人雇主幫忙，克服了不識字可能造成的阻礙，馬修的遺囑稱這位白人雇主為朋友，由這位朋友擔任他的代理人和信託人。威爾基告訴我們，丈夫馬修死後，魯克麗絲選擇了助產士的工作，不必成為幫傭，得以保有一定的自主權，這是內戰後黑人社群十分重視的價值。威爾基帶我們看見佩里曼夫妻的孩子與孫子長大成人、結婚成家、獲得父母沒有機會接受的正式教育，之後因喪偶或病弱再度搬回老家。

過上好日子

在祕魯的上曼塔羅河谷（Upper Mantaro Valley），十五世紀印加帝國的征服統治改變了居民各方面的日常生活。新帝國要求男性服勞役，同時以玉米製成的食物回報為帝國出力的工人。玉米消化後碳元素融入人體組織的方式與其他植物不同，考古學家克莉絲汀・哈斯托夫（Christine Hastorf）據此測量出印加帝國統治前後男性和女性玉米攝取量的變化（參圖十六）。哈斯托夫指出，男性攝取的玉米比留在後方城鎮的女性多，哈斯托夫發現的男女生理差異源自特定的歷史脈絡，是帝國動員勞工的結果，不是性別導致的普同性或天生的人生歷程差異。[3]這類研究運用化學及物理的科學技術瞭解不同性別的人如何度過人生、漸漸衰老、走向死亡。

生物考古學家可以檢測留在人類骨骼的痕跡，找出不同人在營養、疾病、日常工作等方面的差異。許多研究展開時都先預設男性和女性必定會呈現範疇式差異。[4]有些研究確實找到了男女之別，不過有些研究發現的模式指出，年齡、階級、生活方式等因素的影響更重要。

許多研究探討古典馬雅人能夠享用哪些飲食資源，生物考古學家克莉絲汀・懷特（Christine White）的研究發現，比起男女之間的差異，統治者與被統治者之間更穩定呈現出差異。古典馬雅人的飲食型態因地而異，男女之間的飲食差異隨時代而變化。男女生活經驗差異最明顯的群體出現在貴族階級，貴族男性攝取了更多玉米、更多肉類（包括海水魚），精確來說，他們吃了更多鹿肉和狗肉，而且鹿跟狗的飲食以玉米為主，顯示鹿跟狗是為了在特殊場合食用而豢養。至於勞工群體，就有限的樣本來看，男性和女性基本上擁有相同的飲食型態。貴族階級發現的男女飲食差異，主要可能是因為男性較常在儀式場合攝取特殊食物所致。[5]

世界各地的研究者利用類似的生物考古學方法來研究時間差異，這些研究已經能指出男性和女性的營養、健康、工作是否有著差異，且又是何時及如何出現這些差異。研究美國東南部遺址的生物考古學家發現，隨著時代演進，玉米耕作愈來愈集中、愈來愈集約，同時也在人體留下了重複勞動的獨特痕跡，女性的身體反映了磨製穀物的工作，男性的身體則出現使用弓箭的痕跡。[6]生物考古學家研究某些考古遺址時亦發現，女性的前臂骨骼更常發生骨折，可能證明了女性更常遭遇暴力，前臂骨折是抬起手臂抵擋攻擊所致，是定期經歷戰事的證據。[7]

性別、年齡、健康

當代有個大家普遍認同的性別生活假設：女性隨著年齡增長，特別容易面臨骨質脆弱與骨折問題，也就是容易罹患我們所謂的骨質疏鬆症。生物考古學家莎賓娜．阿加瓦爾（Sabrina Agarwal）的古代英國人口研究直接挑戰了這種說法。[8]阿加瓦爾研究骨骼的成長與骨折模式，仔細分辨哪些骨折是因為老化之下的骨質流失所導致。年齡增長造成雌激素濃度變化，進而導致骨質流失，今天認為這是身為女性幾乎無可避免的人生歷程。但是阿加瓦爾比較了羅馬時期的倫敦、位於約克郡的中世紀村莊華林佩西（Wharram Percy），以及一七七〇年到一八五〇年的倫敦工人階級區，研究結果卻呈現出另一番面貌。這三時三地的女性從中年到老年皆未出現骨質流失狀況，完全不符合現代的預期。阿加瓦爾也找不到顯而易見的單一模式，無法簡單說年紀愈大、骨骼就愈脆弱。阿加瓦爾發現男性和女性老化時骨質流失狀況差異的根本原因，在於工作型態、生育模式，以及哺餵母乳等方面的不同。

就羅馬時期的倫敦女性來說，骨質流失最嚴重的時期是從成年初期到中年的階段，阿加瓦爾研究的三個人群都呈現同樣的這種模式。現代認為女性的骨骼健康會在邁入老年後下滑，阿加瓦爾的研究結果和現代觀念形成鮮明對比，何以會有這種落差？阿加瓦爾認為，這三個人群裡許多年輕與中年女性都剛剛經歷生產，是造成年輕及中年女性骨質流失的原因：懷孕和哺乳都會暫時導致骨質流失。這幾個地方的女性邁入老年時，身體已經從育兒的壓力恢復，而且年輕時生產和哺乳的經歷，實際上可能多少保護了她們免於老年的骨質流失。換句話說，老化之下的骨質流失雖然是生理現象，卻不是身為女性的必經之路，過去不然，今天也未必如此。

阿加瓦爾研究這三個樣本，發現男女之間的老化後骨質流失現象其實並未呈現顯著差異。在羅馬時期的倫敦以及工業化前夕的倫敦，男性反而更容易比女性在老年初期出現骨質流失，而今天卻認為骨質流失症狀是女性專屬的命運。女性能夠獲得生育及哺乳帶來的保護，男性則與這項優勢無緣。

不過華林佩西這個鄉村就連表面的性別差異模式也沒有出現，不論女性還是男性都沒有發生現代人身上常見的老年骨質流失現象。華林佩西的男性從青年邁入中年時，骨質流失的狀況比女性更嚴重。阿加瓦爾認為，也許是因為華林佩西的女性生育許多孩子，哺乳時間相當漫長，生育經驗為女性提供了額外的保護，讓她們在男女都營養不足、生活充滿容易導致脆弱骨骼骨折的繁重勞動下，擁有較健康的骨骼。

華林佩西男性和女性骨質流失狀況裡最特別的一點是，不論男女身上都很少看到老化之下性荷爾蒙濃度變化造成的骨折現象。相較於城市生活（例如從古至今的倫敦生活），華林佩西等地的鄉村生活充滿繁重的身體勞動。華林佩西村民的日常勞動幫助他們保有強健骨骼。十八、十九世紀的倫敦市民，不論男女都更接近現代的城市居民，他們從事的工作無法幫助他們在老化之際仍然維持骨骼強健。

阿加瓦爾注意到，華林佩西以及近代倫敦的女性可能都不會延後生育年齡，和今天常見的狀況不同。生產的女性往往親自哺乳，生育及哺乳皆會重塑生產婦女體內的骨骼，哺乳時間愈長，影響愈大。華林佩西的鄉村生活讓男性女性整體上都需要大量活動身體，因此生育哺乳的性別差異並未導致男性女性老年的骨質流失狀況出現顯著差異。倫敦的情況則不一樣，倫敦市民的生活不分男女都比較缺乏體力勞動，女性的生活儘管和男性一樣靜態，但生育及哺乳過的女性較少面臨骨質流失及骨折問題。近代倫敦的女性產後依然哺乳，不過史料指出她們斷奶的時間比較早，因此相較於中世紀的華林佩西，哺乳對於骨骼的保護作用比較薄弱。這三個古代人群的家庭往往人口眾多，女性也多在產後哺乳，因此大部分女性一生中分泌的雌激素會比今天的女性更少。

阿加瓦爾觀察到的模式挑戰了現代的既定假設，今天許多人認為老年的健康狀況受到先天的性別差異影響，但健康狀況其實也受到特定歷史脈絡的影響，阿加瓦爾的研究說明了後者的重要性。只有研究對象是相當晚近的都市人群時，才會看到骨質流失狀況呈現顯著性別差異。儘管我們今天認為邁入老年會提高骨質疏鬆症的風險，但是在阿加瓦爾比較的三個時期，女性的骨質流失都發生在年紀更輕的時候，而非邁入老年之際。阿加瓦爾解釋，這些乍看不自然的結果反映出我們思考現代人骨質疏鬆症時所忽略的因素。

就跟大部分的生物考古分析一樣，阿加瓦爾的研究計畫一開始也將人群分類成成年男性、成年女性、年紀太小無法確定性別的孩童等幾類。不過阿加瓦爾實際分析時，不是單純鎖定男性與女性的相異之處，或是男性相對於女性應該擁有哪些優勢。相反地，阿加瓦爾採取的觀點認為，人人都有獨特的生命歷程，各式各樣的生理及經驗特徵塑造了不同的生命史。阿加瓦爾實踐了從伊莉莎白．格羅斯到朱迪斯．巴特勒等女性主義哲學家一再大聲疾呼的方法：分析時認真思考身體的物質性，不將身體的物質性與文化生活分開而論。

有史可考的人生

今天的德爾麥地那當年是繁榮村莊，西元前一千五百年到西元前一千一百年間，世世代代居住於此的工人為埃及的法老、貴族、官員建造陵墓。在工人內巴姆（Nebamun）和妻子同住的房子裡，外側房間裝飾著一幅裸女音樂家的畫像，性化圖像在這種空間相當常見，房間也許是用來進行日常工作，也可能是用來舉行和成年女性生活相關的家庭儀式。內巴姆跟鎮上的男人一樣，會用屋子的第二個房間來接待訪客，也會在此舉行祭祖儀式。考古學家林恩．梅斯凱爾指出，性別差異確實影響了德爾麥地那的生活，但決定人生歷程的不是只有性別差異這個單一因素。梅莉特（Merit）是皇家建築師卡（Kha）的妻子，像梅莉特這樣的富人妻子，死後與丈夫合葬時，可以預期會得到相當不平等的待遇，富人妻子只會分得丈夫陪葬品的一小部分，一部分原因是男性祖先對於主持後事的男性繼承人而言更重要。不過在沒那麼富裕的家庭，年齡或婚姻狀況對於女性生命軌跡的影響更深刻。以一位名叫拿布（Nub）的女性為例，關於她生平的文字記錄在遺址中被發現，拿布的人生終點應該是自己簡樸的獨立墓葬，身邊圍繞著陪葬的個人物品，由成年子女細心加以埋葬，子女若是沒有按照拿布的意思好好安葬她，恐怕會喪失繼承權。根據史料記載，另一位女性諾納赫特（Naunakhte）的子女就面臨了失去繼承權的命運。[9]

考古研究即使運用歷史文獻，必定還是會以古人生活留下的實際物質遺留為優先。我們無法直接認定黑人助產士會以某種方式使用商品。比起當代有限的文獻紀錄，村莊的遺留物更能清楚說明華林佩西村民的實際生活。儘管德爾麥地那的文獻記錄了人物的姓名，但是他們生活的具體細節還是要從房屋和墓葬的物質遺留才能挖掘出來。

儘管如此，即使是在考古學門之內，引用歷史文獻的研究也常被當成例外。考古學家如果無法取得文字史料，大家也就不會強求他們要同樣細膩地描述性別生活。重點不在於考古學家手上掌握了什麼樣的資料，而是展開分析時，能不能始終體認到「差異」是多變、動態、主動的存在。我舉最後一個當代性別考古學的例子，其社會環境沒有為當代留下任何已破譯語言的書寫文獻：宏都拉斯加勒比海沿岸的古典時期馬雅社會（約西元五百年到一千年）。

如果我們的研究特別希望瞭解古人在這個時空背景下的性別生活經驗，那麼研究應該如何進行？如果採取尋找性與性別「印記」的研究方法，第一步就是按照我們心目中分屬不同性別的活動，建立區分性別的活動模型。這套舊有研究方法今天依然十分流行，做法通常是定義出哪些是女性做的事、男性不做的事。傳統考古學把所有活動都歸類成男性的活動，除非有什麼例外原因，才會認為女性負責某項活動。宏都拉斯北部坐落於從墨西哥延伸到中美洲北部的緊密文化圈內，屬於女性而男性不做的活動，一般認為包括研磨玉米、料理食物、製造織品。因此根據「考古學印記」的研究方法，我們可能會探討磨製工具和紡織工具的分布情形，找出女性工作的地點。但是當代的性與性別考古學不執著於回答這類問題，學者更關心男性和女性的生命經歷，以及特定的歷史時空脈絡為不同人生賦予哪些不同價值。這種觀點深刻改變了乍看之下大同小異的分析方式。

為重要人物打造雕像

不同於鄰近的古典馬雅遺址，西元一千年以前，宏都拉斯加勒比海沿岸幾乎找不到任何一點紡織的證據。這一帶比較多的證據顯示，他們使用特殊的石製敲打器（打棒），以特定樹種的樹皮製造了壓製纖維薄片（樹皮布、樹皮紙）。考古學家克里斯多福・馮（Christopher Fung）利用這些線索，找出奧洛曼（Oloman）河谷一座小村莊遺址裡女性備受重視的工作。[10]他分析並不止於透過樹皮布打棒及石磨探討女性在家戶存在的身影。馮依據不同建築的垃圾堆裡出現樹皮布打棒頻率的不同，指出某些家戶的女性工作可能更繁重。在出土較多石磨與樹皮布打棒的的家屋裡，可能表示女性具有較重要的社會身分，因為他們的勞動使得這些家戶可以舉辦更多社交活動，進而獲得更高的社會地位。

馮研究時並不認為家戶裡的女性人人相同，恰恰相反，他從一開始就認為家裡由於年齡和地位的差異，年輕人會在年長者的監督下工作，而且工作主要也是為了追求年長者的利益。他發掘了許多家戶的垃圾堆、房屋平台、院子，各個家戶追求社會地位的熱衷程度高低不一。家戶中的女性也並非彼此相仿，比起同為女性，女性和家中年齡相近、家庭地位相當的男性家人可能有更多共通點。在這座鄉村一隅，有些年輕女性工作得比其他同齡女性更賣力，但原因不是出在她們的女性身分，而是因為家族正在追求更高地位，她們自己又不是家中掌權的人。某些家族的年長女性和家中的年長男性同樣野心勃勃，附近的球場舉辦球賽時，她們努力在賓客來訪的場合大展身手，籌辦宴會、舞會、儀式等等。在家族地位漸漸提升之際，年長女性也會因為出力舉辦活動，私下甚或公開自居為一大功臣。

即使是在這個小小鄉村，我們也能看出大家十分在乎自我形象。他們耗費心力製作人像，他們使用的技術讓大家不需要高超技巧就能製作出雕像。人像以模具製成，房屋周遭發現了許多雕像碎片，還有各種棄置的物品。這些雕像碎片是各種活動留下的痕跡，而雕像上的男性、女性、孩童的形象則在活動時被展示，甚至可能也被大家所討論。人像的樣貌相當多元，讓我們可以從另一個角度檢視古典馬雅時代晚期宏都拉斯北部的性別經驗。

在奧洛曼房屋遺址的下游方向，烏盧阿河谷下游遍布了同時代的村莊，這些村莊以模具製作了各式尺寸的大量小雕像。由於小雕像以模具製作，加上材料是燒製陶土，考古學家珍・洛皮帕羅（Jeanne Lopiparo）成功找出了小雕像的製作地。[11]洛皮帕羅在四個彼此只相距幾英里的村莊裡，發掘出模具以及模具製作的雕像，大部分雕像都已經破碎丟棄，不過有些雕像（其中幾個相當巨大）被小心放進房屋改建工程的填土裡。洛皮帕羅在其中兩個遺址的家屋辨認出了小雕像的實際燒製地。

洛皮帕羅發現了一件矛盾的事：考古學家往往認為使用模具是為了配合市場大量生產、批發銷售的需求，但是古典時期宏都拉斯北部的遺址找不到大量採購或集中銷售的證據。與此相反，各個村落都自己製造雕像，儘管不同模具製作出來的形象類似，卻沒有證據顯示村民用同一個模具大量生產複製品。洛皮帕羅不禁想問：既然村民無意利用模具大量複製同一尊雕像，又為什麼要使用模具來製作小雕像呢？

洛皮帕羅提出了另一種解釋：製造小雕像是一種社會活動。雕像的主題有動物也有人類，人類雕像有男也有女。洛皮帕羅發掘到的人類雕像多半是女性，從事的活動種類屈指可數（參圖十一）。許多女性小雕像手持罐子，罐裡有時裝著圓球；有些小雕像描繪孩子在女人膝上吃奶或玩耍。在洛皮帕羅研究的遺址或是鄰近村莊發現的男性小雕像，則往往把動物的頭戴在頭上當頭盔或帽子。這類雕像裡出土了一件非常特別的雕像，這尊獨特的雕像身穿羽毛衣，手裡拿著樂器，在洛皮帕羅研究地點以南，同時代的塞羅帕倫克（Cerro Palenque）遺址被發現。[12]

洛皮帕羅認為，小雕像描繪的人類主角是對社會團體繁衍有所貢獻的男性和女性。房屋重建、在家屋埋葬死者、使用小雕像，洛皮帕羅指出了三者之間的密切連結：將陶土塑造成人類形象，就和重新修改家屋建築一樣，是在重塑一個社會團體，透過將死去的成員視為祖先。

利用模具的輔助，任何人不論技藝高低都有辦法打造出足堪辨識的形象，用來表現不同人對社會團體的貢獻。洛皮帕羅認為打造小雕像時，孩童的參與特別重要，孩子一面製作傳統形象的雕像，一面學習如何成為社會的一分子。這些形象頌揚女性對於生兒育女及張羅食物的貢獻，也頌揚男性戴上面具參與儀式的角色（兩者一樣重要，又或前者更重要一些），洛皮帕羅指出，村裡的孩童在耳濡目染之下，無需大人多說，就能體會男性和女性同樣都擔負了重要角色。

女性主義考古學的深刻影響

洛皮帕羅的分析顯然是根據女性主義思想而發。洛皮帕羅借鑒了考古學家布蘭達·鮑澤（Brenda Bowser）在厄瓜多某個亞馬遜社會進行的民族誌觀察。當地女性會製作盛裝食物的陶器、釀造酒精飲料，用來款待家中來訪賓客，鮑澤的研究探討女性這些工作的政治意義。[13]在鮑澤研究的村莊裡，家族與家族之間在這種拜訪場合上商談同盟關係，來訪男性接受主人家成員的熱情款待，同盟關係於是鞏固下來。

探討這個亞馬遜社會的民族誌狀況時，假如我們對女性主義人類學研究提供的洞見一無所知，也許會把政治定義成顯然發生在家庭外公共空間的演說與結盟，誤以為女性「受限於」家庭，男性是唯一的政治行動者。然而鮑澤的民族誌觀察證明，茱莉亞．亨頓等考古學家提出的論點正確無誤。我們必須把家庭活動視為政治行動，即使女性的活動的確只限於家戶之內（相當可疑的籠統說法），女性仍然有能力改變社會的軌跡。[14]

洛皮帕羅提供的細節一點一滴勾勒出了古典時期宏都拉斯北部農村的日常生活情景。村莊裡，家家戶戶的男性、女性、孩童都各自忙著不一樣的事。有些活動也許家家戶戶大同小異：也許有人在烹煮食物、有人在做手工藝、有人在房屋和院子裡東修西補。大家忙些什麼事，多少跟自己是哪一家的人有點關連。村民公認哪幾家的誰誰誰特別擅長醫療，誰誰誰熟悉占卜儀式，誰誰誰某項手工藝特別在行。至於其他家戶，家人可能所有的時間都在忙農活。少數幾家也許可以看到遠道而來的客人，或者本身也有家人遠行其他城鎮。不管哪家哪戶，也許都有人在練習音樂、舞蹈、運動競技，準備在即將到來的節慶上大展身手。

考古研究如果不夠認真思考古人之間的差異，那麼翻來覆去總是不脫幾套單調的刻板印象，然而一旦改變觀點，就能看到就連小小村莊都提供了豐富機會，讓年齡、性別或社會地位相同的人也能各有不同生活經驗。不只如此：每個人正是在物質中介的差異或認同經驗下，逐漸體認到自己在社會中的定位，生理性別的經驗也是其中一環。

孩童在家裡製作小雕像，打造小雕像的再現時，過程中不只會學到男性和女性的模樣，更會學到家人和鄰居推崇男性女性的哪些行為。不只是小雕像，一起製作小雕像的長輩也能成為年輕人的榜樣，以身作則教導他們如何展演性別。用朱迪斯·巴特勒的話來說，孩童向榜樣看齊時，小雕像是他們借鑒的典範，而且小雕像傳遞的訊息也許更直接有力，畢竟孩子不只是聽聽而已，他們還透過視覺和觸覺吸收訊息。

村民在家中不只製作藝術品，也製作了許多樂器、哨子、響鈴，燒製完成的樂器可以用來為表演伴奏。表演的場合有時候是家中長輩的葬禮，以及房屋翻修之際（房屋翻修有時似乎緊接在葬禮之後）。表演有時可能是在象徵生命新階段的活動中登場，像是孩童第一次打耳洞的時候，或是孩童開始佩戴成人耳飾的時候，這類活動造就了西元四百年前後埃斯孔迪多港的垃圾堆，與洛皮帕羅研究的遺址相距不遠。彩繪雕像以及雕像形式的樂器也可能會用在突發事件上，像是需要治療的疾病發生時。這些物品每次被使用時，都同時向在場所有人傳達了重要的人類經驗的圖像，再次強調成年男性及女性貢獻於社會的方式，不需借助言詞。這些圖像同時也是大家景仰嚮往的對象，圖像描繪了性別展演的具體樣貌，也協助形塑大家的性向。

村莊裡協助創造不同身體生活經驗（我們認定的性別經驗）的視覺文化，也不是只有圖像而已。在房屋格局容許的範圍以及村莊布局鼓勵的方向下，孩童透過日常經歷的空間關係，學到哪些是合宜的行為舉止，成人也透過這些空間配置強化了何謂合宜。今天考古學家繪製的地圖標出了所有的空間特徵，彷彿古人全都能平等利用這些空間，也同樣都瞭解這些空間的存在。但事實上人人各有獨特的活動範圍，我們也不能理所當然認為同性別的人一定多少共享空間經驗。如果村莊裡男性是主要的農業勞動力，女性負責操持家務，那麼農田也許是公共空間，但創造的交流經驗只由成年男性獨享，留守村莊的女性可能根本不會體會到同屬一個團體的感覺。又或者是另一種情況，也許男性和女性合力下田耕作，農田於是成了實際實踐性別互補性的空間。又或者待在村莊的女性把事情拿到外頭來做，大家互相幫忙，一邊工作一邊聊天。在上面各種情境（或其他情境）裡，不論是在同一個空間進行同樣的工作，還是在同一個空間進行不同工作，都為不同人創造了有所區別的生活經驗，社會設想的性別差異就在生活經驗之中逐漸產生實在感。

性與性別考古學的未來

我們不能理所當然認為古人的經驗差異必然肇因於性，當然更不能用單純的二元角度來理解性的差異。我們可以探問的方向是，古人一生當中如何經歷不同差異帶來的不同生活，性的差異也是因素之一，他們生活在與他人共享的物質世界，和物質世界互動的過程中又如何體會這些差異。考古學家發展出種種技巧可以詮釋各種古人的物質遺留，這些包含了文字及圖像的再現，都是過去人類經驗所留下的痕跡。如果要說性別考古學這幾十年來的耕耘帶來了什麼啟發，那就是一切器物遺留都有可能告訴我們性別化經驗的樣貌。考古學家正是在並列比較不同痕跡的過程中，領悟到自己的偏見如何疊加在古代社會的刻板成見上，讓我們難以認識到古代生活可以對於現代的獨有貢獻何在。

因此儘管可以預期男性和女性的圖像仍會繼續主導我們思考古代性與性別的方式，使用這些視覺資料時，我們必須警覺到自己長久以來太習慣性的二元模型，於是可能會把所有人類圖像都分類成男女兩性，卻忽略了還可以用其他方式思考人類的差異。即使是研究人類遺骸時，我們一樣必須謹記，包括孩童、少年在內，大部分遺骸都無法明確分類成兩種類別；就算我們可以把遺骸分成兩類，遺骸展現的差異也可能來自其他因素，未必是性或性別所致。至於工具、殘留物、生產成果，這些器物的分析當然仍然會是重要的資料來源，幫助我們辨識彼時彼地不同人分別習慣從事哪些不同工作，但是我們絕不能先入為主預設古人按照我們今天的性別觀進行男女分工，也不能認定女性和男性的工作重要性一向高低有別。

未來的性與性別考古學的研究成果將會和過去性別研究不大相同。我們也許會繼續好奇暴力如何受到「性」的影響與建構，但是我們應該審慎看待單純想找出亞馬遜女戰士以及男戰士的做法，這種做法反映的是現代的性別意識形態。我們仍然會想研究女性如何在某地取得政治權勢，但是研究不會只關心哪裡出現了女王，更會設法瞭解社會整體的權力與差異如何交織發展。我們不再把小雕像等自我再現方式直接當成女神崇拜或和平母權社會的證據，而是透過這些再現方式瞭解古人如何塑造自身形象與社會關係。

面對和今天截然不同的古代社會，考古學必須用盡辦法，才能提出更豐富細緻的觀點。我們必須堅定重視古人生活痕跡的特定時空脈絡，不再落入過去的窠臼，避免將某地的生活型態泛論成人類普遍的生活方式。哪怕證據來自再不起眼的遺址，只要任何蛛絲馬跡都不放過，我們就能重建細緻入微的圖像，描繪不同時代的人們經歷了何種物質限制，又開創了何種可能。

但是性與性別的考古學之所以獨樹一格，不是因為上述的方法學視野，而是因為我們和其他性與性別研究的學者同樣擁有的哲學信念：我們知道自己身處的社會和歷史會影響我們對過去的看法；我們尊重人性尊嚴，就算對方和我們不一樣，也要尊重以待；面對想要捍衛當代世界不平等現況的勢力，我們使出全力與之對抗。

就最後這點來說，「過去」會是強大的資源。聽到有人簡單援引古例證明性別不平等必然一再複製傳承，有志於對抗不平等的人都應該提出質疑。為了對抗這種任意挪用「過去」的論述，我們取回詮釋權時，也必須注意兩件事：我們應該批判自己的立場，也要盡力避免複製這種粗暴的詮釋方式。考古學的物質面向抗拒化約，證據會掙脫過分簡化的模型，逼我們正視最不經思索的成見。考古學將會交給性別研究者一項強大利器：過去並非必然是性別不平等的，因此性別不平等也不是當代生活自然而然、無可避免的特徵。

謝詞

感謝泰晤士與哈德遜出版社（Thames & Hudson）的編輯伊恩・雅各布（Ian Jacobs），伊恩不只多次和我討論寫作這樣一本書的可能性，也在讀完初稿後提供犀利又不失溫厚的意見，幫助我大幅修改了書稿。沒有伊恩，本書無以問世。泰晤士與哈德遜出版社的資深編輯茱莉亞・麥肯齊（Julia MacKenzie）仔細潤飾文字，也盡量刪除了含糊冗贅之處；書中仍然模糊或囉嗦的地方，至少是我有意為之。莎莉・尼可斯（Sally Nicholls）是我心目中配圖設計的典範，本書能有精彩圖片，基本上完全要歸功於莎莉的耐心和毅力，對我和其他人的要求使命必達。本書學術方面要感謝的對象，從正文引用的著作足可一目瞭然。對我而言，這本書有一點相當特別：我之前從未在公開演講或會議論文中發表本書內容。不過書中的主要論點和例子構成我從二〇〇六年起持續教授的一門課程的骨幹，是我在加州大學柏克萊分校（University of California, Berkeley）文理學院（College of Letters and Science）的科際整合發現學程（Discovery Courses）下所開設的課程。感謝文理學院大學部的前院長羅勃・赫魯伯（Robert C. Holub）以及大學部學術規畫處的處長艾禮思・施瓦茨（Alix Schwartz），我在他們的鼓勵之下設計出文理180A課程：「性與性別的考古學」。超過一百八十名學生修過這門課，教學相長刺激我清楚說明考古學對我們瞭解當代世界到底為何重要，我向歷屆學生致上由衷的謝意。最後，外子羅斯・謝普塔克（Rus Sheptak）始終是我最深刻感謝的對象，沒有羅斯，本書不可能完成。羅斯在數不清的散步和開車途中，聽我一點一滴架構起論述，他聆聽我想要表達的訊息，幫我找出恰到好處的說法。本書書名取自羅斯的建議，確實再適合也不過了。沒有羅斯，我不可能走到這裡。

注釋

導論

1 Barstow 1978; Gimbutas 1982, 1989, 1991; 也參Conkey and Tringham 1995; Dobres 1992; Meskell 1995, 1998b; Nelson 1990; Russell 1993; Tringham and Conkey 1998.

2 Trinkhaus and Svoboda 2006.

3 Kralik, Novotny, and Oliva 2002; Soffer, Vandiver, Klima, and Svoboda 1993; Vandiver, Soffer, Klima, and Svoboda 1989, 1990.

4 Soffer 2004; Soffer, Adovasio, and Hyland 2000.

5 Conkey 1997; Softer 1997.

6 Softer, Adovasio, and Hyiand 2000.

7 同前註。

8 同前註。

9 Soffer and Conkey 1997.

10 Meade and Wiesner-Hanks (eds) 2004; Phillips and Reay (eds) 2002.

11 Isaac 1978; Potts 1984; Power and Watts 1996; Tanner and Zihlman 1976; Zihlman 1978, 1981; 也參Conkey and Williams 1991; Fedigan 1986; Hager 1997.

12 Foucault 1978; Gimbutas 1982, 1989, 1991; Laqueur 1990.

13 只有少數例外，參Conkey and Tringham 1995; Conkey and Williams 1991; Dobres 2004; Hays-Gilpin 2000; Joyce 2004b; Spector and Whalen 1989.

14 Trigger 2006.

15 Preucel and Hodder 1996; Meskell and Preucel 2004; Wylie 2002.

16 Brumfiel 1992; Wylie 1991, 2002.

17 Flannery and Winter 1976.

18 Spector 1983; Conkey and Spector 1984; Weedman 2004.

19 Hendon 1996, 2004, 2006a; MacEachern, Archer, and Garvin 1989; Wilk and Rathje 1982; Wilk and Ashmore 1988.

20 Arnold, Gilchrist, Graves, and Taylor 1988; Bertelsen, Lillehammer, and Naess 1987; Claassen 1992; Conkey and Gero 1991; Conkey and Spector 1984; duCros and Smith 1993; Engelstad 1991; Gilchrist 1991; Hodder 1984; Nelson 1993; Spector 1983; Walde

and Willows 1991; 也參 Conkey and Gero 1997; Gilchrist 1999; Hays-Gilpin 2000; Joyce 2004a; Wilkie and Hayes 2006.

21 參 Nelson 2006 裡的個別章節。

22 比較 Sørensen 2000 以及 Brumfiel 2006; Gilchrist 1991, 1999; Wylie 1992, 1996.

23 Joyce and Claassen 1997: 1.

CHAPTER 1 ——認識過去的方法

1 Joyce and Henderson 2001; Joyce 2000a, 2001c, 2003a, 2003b.

2 Black and Jolly 2003; Hodder 1999; Joyce 2002c, Lucas 2001; Praetzellis 2000.

3 Henderson and Joyce 2004.

4 Schiffer 1987; Richards and Thomas 1984; Hoskins 2006.

5 Jones 2004.

6 Joyce, Shackley, McCandless, and Sheptak 2004.

7 Luke, Joyce, Henderson and Tykot 2003.

8 Lopiparo 2006; Lopiparo, Joyce, and Hendon 2005.

9 例如 Ambrose, Buikstra, and Krueger 2003; Cohen and Bennett 1993; Cox and Sealy 1997; Gerry and Chesson 2000; White, Storey, Longstaffe, and Spence 2004.

10 Robin 2002.

11 Hastorf 1991.

12 Spector 1983; Conkey and Spector 1984; 比較 Dobres 1995; Wylie 1992.

13 Stahl 1993; Wylie 1985, 1988, 2002.

14 Moore 1988, 1994.

15 Hendon 1997, 1999a, 2002, 2006b; Robin 2006.

16 參 Pyburn 2004 對這些假設的批評。

17 Weston 1993.

18 Fausto-Sterling 2000, Roughgarden 2004.

19 關於一般性批評，參 Butler 1990, 1993, 2004; Grosz 1995; 人類學方面的討論，參 Moore 1988, 1994; 考古學方面的討論，參 Joyce 2004a; Meskell 2005.

CHAPTER 2 ——女神、母權制、男心女身

1 Covarrubias 1950, 1957; Porter 1953.

2 Griffin 1972: 307-309; Roosevelt 1987; 比較 Lesure 2002.

3 Garcia Moll et al. 1991; Piña Chan 1958.

4 Tolstoy 1989.

5 Serra and Sugiura 1987; Tolstoy 1989.
6 Garcia Moll et al. 1991; Joyce 1999, 2001a, 2002a, 2002c.
7 Arnold 2006: 143; 比較Fausto-Sterling 2000; Geller 2005; Hollimon 2006: 441-43.
8 Joyce 1999, 2001a, 2002a.
9 Bruhns 1988; Freidel and Schele 2001; Hendon 1997, 1999a, 1999b, 2002; Joyce 1992, 1993, 1996, 2001c; McAnany and Plank 2001; Marcus 1992, 2001; Stone 1988; Sweely 1998, 1999.
10 Dobres 1992; Russell 1993.
11 McCoid and McDermott 1996; McDermott 1996; Rice 1987.
12 Barstow 1987; Gimbutas 1982, 1989, 1991.
13 轉引自Roscoe 1991: 50.
14 Blackwood 1984; Callender and Kochems 2000; Jacobs, Thomas, and Lang 1996; Roscoe 1998.
15 例如Whitehead 1981.
16 Hollimon 2006; Perry and Joyce 2001; Voss 2006: 375-77.
17 Hollimon 1991, 1997, 2000a.
18 Hollimon 1997; 也參Hollimon 2002a: 189; Schmidt 2000.
19 Hollimon 1997: 186.
20 Hollimon 2000a.
21 Hollimon 2000b, 2001.
22 Lang 1998: 303-308; Medicine 1983; Midnight Sun 1988: 41-45.
23 Lang 1998: 276-79; Medicine 1983.
24 Prine 2000.
25 Conkey 1991.
26 Conkey 1997; Conkey and Tringham 1995; Soffer and Conkey 1997; Tringham and Conkey 1998.

CHAPTER 3——亞馬遜人、女王、深居閨閣的女性

1 Freidel and Schele 2001; 也參Martin and Grube 2000.
2 Taylor 1948.
3 關於馬雅考古學概論，參Henderson 1997.
4 比較Tozzer 1941與Seler 1923.
5 Proskouriakoff 1960, 1963, 1964.
6 Proskouriakoff 1961.

7 Martin and Grube 2000.
8 Marcus 1976.
9 Coggins 1975.
10 Fox and Justeson 1986; Haviland 1977; Hopkins 1988; Joyce 1981; Thompson 1982; 也參Gillespie 2000; Robin 2001.
11 MacCormack and Srathern 1980; Ortner and Whitehead 1981; Rosaldo and Lamphere (eds) 1974; Yanagisako and Collier (eds) 1987.
12 Davis-Kimball 1997a, 1997b, 1997c; 2002.
13 Arnold 1991; Arnold 2002: 252-54; Arnold 2006: 152-55.
14 Ardren 2002; Freidel and Schele 2001; Martin and Grube 2000; McAnany and Plank 2001.
15 例外情況參Freter 2004; Pyburn 1998; Robin 2002; Sweely 1998, 1999; Webster and Gonlin 1988.
16 科潘就是一例：Hendon 1997, 1999a, 2002; Storey 1998.
17 Robin 2003; 也參Fung 1995; Hendon 1997, 2002; Lopiparo 2006; Pyburn 1998; Robin 2002, 2006; Sweely 1998, 1999.
18 Ruscheinsky 1995.
19 Krochock 1991, 2002.
20 Inomata 2001.
21 Robin 2006.
22 Goldberg 1999; Nevett 1994; Spencer-Wood 2006.
23 Laqueur 1990.
24 Goldberg 1999; Nevett 1994; Ridgway 1987; Walker 1983.

CHAPTER 4——慾望的人像、禁慾獨身、性工作者

1 Yates 1993.
2 Joyce 2000a, 2001b, 2002a; Sigal 2005, 2007.
3 Weston 1993.
4 Meskell 2005.
5 Joyce 2000a, 2001b; McCafferty and McCafferty 1999; Sigal 2005, 2007.
6 Treherne 1995.
7 Hendon 1997, 1999a, 1999b, 2002, 2006b; McAnany and Plank 2001; McCafferty and McCafferty 1991.
8 Joyce 2000a; McCafferty and McCafferty 1991.

9 Brumbach and Jarvenpa 2006: 520-22; Cohen and Bennett 1993; Hollimon 2000b, 2001; Perry 2004.

10 Cohen and Bennett 1993.

11 Brumbach and Jarvenpa 2006: 520-22; Hollimon 1991.

12 Hollimon 1997.

13 McAnany and Plank 2001; Reents-Budet 1994.

14 McNeill 2007; Reents-Budet 1994.

15 Bachand, Joyce and Hendon 2003; Butler 1990, 1993, 2004; Perry and Joyce 2001; Joyce 2004a, 2005.

16 Joyce 1992, 1993, 1996, 2000b, 2001b, 2001c, 2002b.

17 Klein 2001.

18 Proskouriakoff 1960, 1961.

19 Marcus 1976, 1992, 2001.

20 Bruhns 1988.

21 Bassie-Sweet 2002; Joyce 1996; Looper 2002; Reilly 2002; Stone 1991; Taube 1985.

22 Joyce 2000b, 2002b.

23 Meskell 1999, 2000b.

24 Voss 2000.

25 Joyce 2000b.

26 Stone 1988, 1995.

27 Pillsbury 2001.

28 Bergh 1993; Gero 2004.

29 Weismantel 2004.

30 Brumfiel 1991, 1996, 2001; Evans 1998, 2001; Overholtzer 2005; Joyce 2000a, 2001b.

31 Joyce 2000a, 2001b.

32 Burkhart 1997.

33 McCafferty and McCafferty 1988.

34 Gilchrist 1994, 2000.

35 Costello 2000; Crist 2005; Gilfoyle 2005; Ketz, Abel, and Schmidt 2005; Meyer, Gibson, and Costello 2005; O' Brien 2005; Seifert 1991; Seifert, O' Brien, and Balicki 2000; Seifert and Balicki 2005; Spude 2005; Yamin 2005.

36 O' Brien 2005; Seifert 1991; Seifert, O' Brien, and Balicki 2000; Seifert and Balicki 2005.

37 Costello 2000; Meyer, Gibson, and Costello 2005.

38 Costello 2000; Crist 2005; Ketz, Abel, and Schmidt 2005; Meyer, Gibson, and Costello 2005; Yamin 2005.

39 Gilchrist 2000; Grosz 1995.

CHAPTER 5——像男人及女人那樣活著

1 Wilkie 2003; Wilkie and Shorter 2001.

2 Wilkie 2003: 105; 也參頁 103-109。

3 Hastorf 1991.

4 Geller 2005.

5 White 2005.

6 Cohen and Bennett 1993.

7 Hollimon 2001.

8 Agarwal 2001; Agarwal, Dumitriu, Tomlinson, and Grynpas 2004.

9 Meskell 1998a, 1999, 2000a, 2000b.

10 Fung 1995.

11 Lopiparo 2006.

12 Joyce 1993.

13 Bowser 2000, 2004.

14 Hendon 1996, 2004, 2006a.

參考書目

Agarwal, Sabrina C. 2001. "The Influence of Age and Sex on Trabecular Architecture and Bone Mineral Density in Three British Historical Populations," Ph.D. dissertation, University of Toronto.

Agarwal, Sabrina C., Mircea Dumitriu, George A. Tomlinson, and Marc D. Grynpas 2004. "Medieval trabecular bone architecture: The influence of age, sex, and lifestyle," *American Journal of Physical Anthropology* 124:33–44.

Ambrose, Stanley H., Jane Buikstra, and Harold W. Krueger 2003. "Status and gender differences in diet at Mound 72, Cahokia, revealed by isotopic analysis of bone," *Journal of Anthropological Archaeology* 22:217–26.

Ardren, Traci (ed.) 2002. *Ancient Maya Women*, Walnut Creek, CA: AltaMira Press.

Arnold, Bettina 1991. "The deposed Princess of Vix: The need for an engendered European prehistory," in *The Archaeology of Gender: Proceedings of the 22nd Annual Chacmool Conference*, Dale Walde and Noreen Willows (eds), pp. 366–74, Calgary: Department of Archaeology, University of Calgary.

— 2002. "'Sein und werden': Gender as process in mortuary ritual," in *In Pursuit of Gender*, Sarah Nelson and Myriam Rosen-Ayalon (eds), pp. 239–56, Walnut Creek, CA: AltaMira Press.

— 2006. "Gender and archaeological mortuary analysis," in *Handbook of Gender in Archaeology*, Sarah Nelson (ed.), pp. 137–70, Lanham, MD: AltaMira Press.

Arnold, Karen, Roberta Gilchrist, Pam Graves, and Sarah Taylor (eds) 1988. *Women in Archaeology*, theme issue of *Archaeological Reviews from Cambridge* 7 (1).

Bachand, Holly, Rosemary A. Joyce, and Julia A. Hendon 2003. "Bodies moving in space: Ancient Mesoamerican human sculpture and embodiment," *Cambridge Archaeological Journal* 13 (2):238–47.

Barstow, Ann 1978. "The uses of archaeology for women's history: James Mellaart's work on the Neolithic Goddess at Çatal Hüyük," *Feminist Studies* 4:7–17.

Bassie-Sweet, Karen 2002. "Corn Deities and the Male/Female Principle," in *Ancient Maya Gender Identity and Relations*, Lowell Gustafson and Amy Trevelyan (eds), pp. 169–90, Westport, CT: Greenwood Press.

Bergh, Susan E. 1993. "Death and renewal in Moche phallic-spouted vessels," *Res* 24:78–94.

Bertelsen, Reidar, Arvid Lillehammer, and Jenny-Rita Naess (eds) 1987. *Were They All Men? An Examination of Sex Roles in Prehistoric Society*, Stavanger, Norway: Arkeologist Museum i Stavanger.

Black, Stephen L., and Kevin Jolly 2003. *Archaeology by Design*, Walnut Creek, CA: AltaMira Press.

Blackwood, Evelyn 1984. "Sexuality and gender in certain Native American tribes: The case of cross-gender females," *Signs* 10:27–42.

Bowser, Brenda J. 2000. "From pottery to politics: An ethnoarchaeological study of political factionalism, ethnicity, and domestic pottery style in the Ecuadorian Amazon," *Journal of Archaeological Method and Theory* 7(3):219–48.

— 2004. "Domestic spaces as public places: An ethnoarchaeological case study of houses, gender, and politics in the Ecuadorian Amazon," *Journal of Archaeological Method and Theory* 11(2):157–81.

Bruhns, Karen Olsen 1988. "Yesterday the Queen Wore...An Analysis of Women and Costume in Public Art of the Late Classic Maya," in *The Role of Gender in Precolumbian Art and Architecture*, Virginia Miller (ed.), pp. 105–34, Lanham, MD: University Press of America.

Brumbach, Hetty Jo, and Robert Jarvenpa 2006. "Gender dynamics in hunter-gatherer society: Archaeological methods and perspectives," in *Handbook of Gender in Archaeology*, Sarah Nelson (ed.), pp. 503–35, Lanham, MD: AltaMira Press.

Brumfiel, Elizabeth 1991. "Weaving and cooking: Women's production in Aztec Mexico," in *Engendering Archaeology*, Margaret Conkey and Joan Gero (eds), pp. 224–51, Oxford: Blackwell.

— 1992. "Distinguished lecture in archaeology: Breaking and entering the ecosystem: gender, class, and faction steal the show," *American Anthropologist* 94:551–67.

— 1996. "Figurines and the Aztec state: Testing the effectiveness of ideological domination," in *Gender and Archaeology*, Rita Wright (ed.), pp. 143–66, Philadelphia: University of Pennsylvania Press.

— 2001. "Asking about Aztec gender: The historical and archaeological evidence," in *Gender in Pre-Hispanic America*, Cecelia Klein (ed.), pp. 57–85, Washington, DC: Dumbarton Oaks.

— 2006. "Methods in feminist and gender archaeology: A feeling for difference – and likeness," in *Handbook of Gender in Archaeology*, Sarah Nelson (ed.), pp. 31–58, Lanham, MD: AltaMira Press.

Burkhart, Louise M. 1997. "Mexica women on the 'home front': Housework and religion in Aztec Mexico," in *Indian Women of Early Mexico*, Susan Schroeder, Stephanie Wood, and Robert Haskett (eds), pp. 25–54, Norman: University of Oklahoma Press.

Butler, Judith 1990. *Gender Trouble: Feminism and the Subversion of Identity*, New York: Routledge.

— 1993. *Bodies that Matter: On the Discursive Limits of 'Sex'*, New York: Routledge.

— 2004. *Undoing Gender*, New York: Routledge.

Callender, Charles, and Lee M. Kochems 2000. "The North American berdache," *Current Anthropology* 24:443–70.

Claassen, Cheryl (ed.) 1992. *Exploring Gender through Archaeology*, Madison, WI: Prehistory Press.

Coggins, Clemency C. 1975. "Painting and Drawing Styles at Tikal: An Historical and Iconographic Reconstruction," Ph.D. dissertation, Department of Art History, Harvard University. Ann Arbor: University Microfilms.

Cohen, Mark, and Sharon Bennett 1993. "Skeletal evidence for sex roles and gender hierarchies in prehistory," in *Sex and Gender Hierarchies*, Barbara Miller (ed.), pp. 273–96, Cambridge: Cambridge University Press.

Conkey, Margaret W. 1991. "Contexts of action, contexts for power: Material culture and gender in the Magdalenian," in *Engendering Archaeology*, Margaret W. Conkey and Joan Gero (eds), pp. 57–92, Oxford: Blackwell.

— 1997. "Beyond art and between the caves: Thinking about context in the interpretive process," in *Beyond Art: Pleistocene Image and Symbol*, Margaret Conkey, Olga Soffer, Deborah Statmann, and Nina Jablonksi (eds), pp. 343–67, San Francisco: California Academy of Sciences and University of California Press.

Conkey, Margaret W., and Joan Gero (eds) 1991. *Engendering Archaeology: Women and Prehistory*, Oxford: Blackwell.

Conkey, Margaret W., and Joan Gero 1997. "Programme to practice: gender and feminism in archaeology," *Annual Review of Anthropology* 26:411–37.

Conkey, Margaret W., and Janet Spector 1984. "Archaeology and the study of gender," *Advances in Archaeological Method and Theory* 7:1–38.

Conkey, Margaret W., and Ruth E. Tringham 1995. "Archaeology and the goddess: Exploring the contours of feminist archaeology," in *Feminism in the Academy*, Domna C. Stanton and Abigail J. Stewart (eds), pp. 199–247, Ann Arbor: University of Michigan Press.

Conkey, Margaret W., and Sarah H. Williams 1991. "Original narratives: The political economy of gender in archaeology," in *Gender at the Crossroads of Knowledge: Feminist Anthropology in the Postmodern Era*, Micaela diLeonardo (ed.), pp. 102–39, Berkeley: University of California Press.

Costello, Julia 2000. "*Red light voices*: An archaeological drama of late nineteenth-century prostitution," in *Archaeologies of Sexuality*, Robert A. Schmidt and Barbara L. Voss (eds), pp. 160–75, London: Routledge.

Covarrubias, Miguel 1950. "Tlatilco: el arte y la cultura preclásica del Valle de México," *Cuadernos Americanos* IX:149–62.

— 1957. *Indian Art of Mexico and Central America*, New York: Alfred A. Knopf.

Cox, Glenda, and Judith Sealy 1997. "Investigating identity and life histories: Isotopic analysis and historical documentation of slave skeletons found on the Cape Town foreshore, South Africa," *International Journal of Historical Archaeology* 1:207–24.

Crist, Thomas A. 2005. "Babies in the privy: prostitution, abortion, and infanticide in New York's Five Points district," *Historical Archaeology* 39 (1):19–46.

Davis-Kimball, Jeannine 1997a. "Chieftain or warrior princess?" *Archaeology* 50 (5):44–48.

— 1997b. "Sauro-Sarmation nomadic women: New gender identities," *The Journal of Indo-European Studies* 253:327–43.

— 1997c. "Warrior women of Eurasia," *Archaeology* 50 (1):44–48.

— 2002. *Warrior Women: An Archaeologist's Search for History's Hidden Heroines* (with Mona Behan), New York: Warner Books.

Dobres, Marcia-Anne 1992. "Re-considering Venus figurines: A feminist inspired re-analysis," in *Ancient Images, Ancient Thought: The Archaeology of Ideology. Proceedings of the 1990 Chacmool Conference*, A. Sean Goldsmith, Sandra Garvie, David Selin, and Jeannette Smith (eds), pp. 245–62, Calgary: Archaeology Program, Calgary University.

— 1995. "Beyond gender attribution: some methodological issues for engendering the past," in *Gendered Archaeology*, Jane Balme and Wendy Beck (eds), pp. 51–66, Research Papers in Archaeology and Natural History, No. 26, Canberra: Australian National University.

— 2004. Digging up gender in the earliest human societies," in *A Companion to Gender History*, Teresa A. Meade and Merry E. Wiesner-Hanks (eds), pp. 211–26, Malden, MA: Blackwell.

duCros, Hilary, and Laurajane Smith (eds) 1993. *Women and Archaeology: A Feminist Critique*, Department of Prehistory, Research School of Pacific Studies, Occasional Papers in Prehistory, No. 23, Canberra: Australian National University.

Engelstad, Erika 1991. "Images of power and contradiction: Feminist theory and post-processual archaeology," *Antiquity* 65:502–14.

Evans, Susan Toby 1998. "Sexual politics in the Aztec palace: Public, private, and profane," *Res* 33:166–83.

— 2001. "Aztec noble courts: Men, women, and children of the palace," in *Royal Courts of the Ancient Maya. Vol. 1: Theory, Comparison, and Synthesis*, Takeshi Inomata and Stephen D. Houston (eds), pp. 237–73, Boulder, CO: Westview.

Fausto-Sterling, Anne 2000. *Sexing the Body: Gender Politics and the Construction of Sexuality*, New York: Basic Books.

Fedigan, Linda 1986. "The changing role of women in models of human evolution," *Annual Review of Anthropology* 15:22–66.

Flannery, Kent V., and Marcus Winter 1976. "Analyzing household activities," in *The Early Mesoamerican Village*, Kent V. Flannery (ed.), pp. 34–47, New York: Academic Press.

Foucault, Michel 1978. *The History of Sexuality*, Robert Hurley (trans.), New York: Pantheon Books.

Fox, James A. and John Justeson 1986. "Classic Maya dynastic alliance and succession," in *Supplement to the Handbook of Middle American*

Indians, Volume 4, Ethnohistory, Ronald Spores (ed.), pp. 7–34, Austin: University of Texas Press.

Freidel, David, and Linda Schele 2001. "Maya royal women: A lesson in Precolumbian history," in *Gender in Cross-Cultural Perspective*, third edition, Caroline Brettell and Carolyn F. Sargent (eds), pp. 89–93, Upper Saddle River, NJ: Prentice Hall.

Freter, AnnCorinne 2004. "Multiscalar model of rural households and communities in Late Classic Maya society," *Ancient Mesoamerica* 15:93–106.

Fung, Christopher 1995. "Domestic labor, gender and power on the Mesoamerican frontier," in *Debating Complexity: Proceedings of the 26th Annual Chacmool Conference*, Daniel A. Meyer, Peter C. Dawson, and Donald T. Hanna (eds), pp. 65–75, Calgary: Archaeology Association, University of Calgary.

Garcia Moll, Roberto, Daniel Juarez Cossio, Carmen Pijoan Aguade, Maria Elena Salas Cuesta, and Marcela Salas Cuesta 1991. *Catálogo de entierros de San Luis Tlatilco, México, Temporada IV*, Serie Antropología Física-Arqueología. Mexico, D.F.: Instituto Nacional de Antropología e Historia.

Geller Pamela L. 2005. "Skeletal analysis and theoretical complications," *World Archaeology* 37:597–609.

Gero, Joan M. 2004. "Sex pots of ancient Peru: post-gender reflections," in *Combining the Past and the Present: Archaeological Perspectives on Society*, Terje Oestigaard, Nils Anfinset, and Tore Saetersdal (eds), pp. 3–22, BAR International Series 1210, Oxford: Archaeopress.

Gerry, John, and Meredith Chesson 2000. "Classic Maya diet and gender relationships," in *Gender and Material Culture in Archaeological Perspective*, Moira Donald and Linda Hurcombe (eds), pp. 250–64, New York: St. Martin's Press.

Gilchrist, Roberta 1991. "Women's archaeology? Political feminism, gender theory, and historical revisionism," *Antiquity* 65:495–501.

— 1994. *Gender and Material Culture: The Archaeology of Religious Women*, London: Routledge.

— 1999. *Gender and Archaeology: Contesting the Past*, London: Routledge.

— 2000. "Unsexing the body: The interior sexuality of medieval religious women," in *Archaeologies of Sexuality*, Robert A. Schmidt and Barbara L. Voss (eds), pp. 89–103, London: Routledge.

Gilfoyle, Timothy J. 2005. "Archaeologists in the brothel: 'Sin City', historical archaeology, and prostitution," *Historical Archaeology* 39 (1):133–41.

Gillespie, Susan D. 2000. "Rethinking ancient Maya social organization: Replacing lineage with house," *American Anthropologist* 102 (3):467–84.

Gimbutas, Marija 1982. *The Goddesses and Gods of Old Europe*, Berkeley: University of California Press.

— 1989. *The Language of the Goddess*, San Francisco: Harper and Row.

— 1991. *The Civilization of the Goddess*, San Francisco: Harper and Row.

Goldberg, Marilyn Y. 1999. "Spatial and behavioural negotation in Classical Athenian city houses," in *The Archaeology of Household Activities*, Penelope M. Allison (ed.), pp. 142–61, London: Routledge.

Griffin Gillett G. 1972. "Xochipala, the earliest great art style in Mexico," *Proceedings of the American Philosophical Society* 116:301–9.

Grosz, Elizabeth 1995. *Space, Time, and Perversion*, London: Routledge.

Hager, Lori D. (ed.) 1997. *Women in Human Evolution*, London: Routledge.

Hastorf, Christine 1991. "Gender, space and food in prehistory," in *Engendering Archaeology*, Margaret W. Conkey and Joan Gero (eds), pp. 132–59, Oxford: Blackwell.

Haviland, William A. 1977. "Dynastic genealogies from Tikal, Guatemala: Implications for descent and political organization," *American Antiquity* 42:61–67.
Hays-Gilpin, Kelley 2000. "Feminist scholarship in archaeology," *Annals of the American Academy of Political and Social Sciences* 571:89–106.
Henderson, John S. 1997. *The World of the Ancient Maya*, second edition, Ithaca: Cornell University Press.
Henderson, John S., and Rosemary A. Joyce 2004. "Human use of animals in prehispanic Honduras: A preliminary report from the lower Ulúa Valley, Honduras," in *Maya Zooarchaeology: New Directions in Theory and Method*, Kitty F. Emery (ed.), pp. 223–36, Monograph 51, Los Angeles: UCLA Institute of Archaeology.
Hendon, Julia A. 1996. "Archaeological approaches to the organization of domestic labor: Household practice and domestic relations," *Annual Review of Anthropology* 25:45–61.
— 1997. "Women's work, women's space, and women's status among the Classic-Period Maya elite of the Copán Valley, Honduras," in *Women in Prehistory: North America and Mesoamerica*, Cheryl Claassen and Rosemary A. Joyce (eds), pp. 33–46, Philadelphia: University of Pennsylvania Press.
— 1999a. "Multiple Sources of Prestige and the Social Evaluation of Women in Prehispanic Mesoamerica," in *Material Symbols: Culture and Economy in Prehistory*, John Robb (ed.), pp. 257–76, Occasional Paper 26, Carbondale: Center for Archaeological Investigations, Southern Illinois University.
— 1999b. "Spinning and weaving in Pre-Hispanic Mesoamerica: The technology and social relations of textile production." in *Mayan Clothing and Weaving through the Ages*, Barbara Knoke de Arathoon, Nancie L. Gonzalez, and John M. Willemsen Devlin (eds), pp. 7–16, Guatemala City: Museo Ixchel del Traje Indígena.
— 2002. "Household and state in Pre-Hispanic Maya society: Gender, identity, and practice," in *Ancient Maya Gender Identity and Relations*, Lowell Gustafson and Amy Trevelyan (eds), pp. 75–92, Westport, CT: Greenwood Press.
— 2004. "Living and working at home: The social archaeology of household production and social relations," in *A Companion to Social Archaeology*, Lynn M. Meskell and Robert W. Preucel (eds), pp. 272–86, Malden, MA: Blackwell.
— 2006a. "The engendered household," in *Handbook of Gender in Archaeology*, Sarah Nelson (ed.), pp. 171–98, Lanham, MD: AltaMira Press.
— 2006b. "Textile production as craft in Mesoamerica: Time, labor and knowledge," *Journal of Social Archaeology* 6:354–78.
Hodder, Ian 1984. "Burials, houses, women and men in the European Neolithic," in *Ideology, Power, and Prehistory*, Daniel Miller and Christopher Tilley (eds), pp. 51–68, Cambridge: Cambridge University Press.
— 1999. *The Archaeological Process*, Oxford: Blackwell.
Hollimon, Sandra E. 1991. "Health consequences of the division of labor among the Chumash Indians of Southern California," in *The Archaeology of Gender: Proceedings of the 22nd Annual Chacmool Conference*, Dale Walde and Noreen D. Willows (eds), pp. 462–69, Calgary: Department of Archaeology, Calgary University.
— 1997. "The third gender in native California: Two-spirit undertakers among the Chumash and their neighbors," in *Women in Prehistory: North America and Mesoamerica*, Cheryl Claassen and Rosemary A. Joyce (eds), pp. 173–88, Philadelphia: University of Pennsylvania Press.
— 2000a. "Archaeology of the *'aqi*: gender and sexuality in prehistoric Chumash society," in *Archaeologies of Sexuality*, Robert A.

Schmidt and Barbara L. Voss (eds), pp. 179–96, London: Routledge.
— 2000b. "Sex, health and gender roles among the Arikara of the Northern Plains," in *Reading the Body: Representations and Remains in the Archaeological Record*, Alison Rautman (ed.), pp. 25–37, Philadelphia: University of Pennsylvania Press.
— 2001. "Warfare and gender in the northern Plains: Osteological evidence of trauma reconsidered," in *Gender and the Archaeology of Death*, Bettina Arnold and Nancy Wicker (eds), pp. 179–93, Walnut Creek, CA: AltaMira Press.
— 2006. "The archaeology of nonbinary genders in Native North America," in *Handbook of Gender in Archaeology*, Sarah Nelson (ed.), pp. 435–50, Lanham, MD: AltaMira Press.
Hopkins, Nicholas A. 1988. "Classic Maya kinship systems: Epigraphic and ethnographic evidence for patrilineality," *Estudios de Cultura Maya* 17:87–121.
Hoskins, Janet 2006. "Agency, Biography and Objects," in *Handbook of Material Culture*, Christopher Tilley, Webb Keane, Susanne Kuechler-Fogden, Mike Rowlands, and Patricia Spyer (eds), pp. 74–84, Thousand Oaks, CA: SAGE Publications.
Inomata, Takeshi 2001. "Power and ideology of artistic creation: Elite craft specialists in Classic Maya society," *Current Anthropology* 42 (3):321–49.
Isaac, Glynn L. 1978. "Foodsharing and human evolution: Archaeological evidence from the Plio-Pleistocene of South Africa," *Journal of Archaeological Research* 34:311–25.
Jacobs, Sue-Ellen, Wesley Thomas, and Sabine Lang (eds) 1996. *Two-Spirit People: Native American Gender Identity, Sexuality, and Spirituality*, Urbana: University of Illinois Press.
Jones, Andrew 2004. "Archaeometry and materiality: Materials-based analysis in theory and practice," *Archaeometry* 46:327–38.
Joyce, Rosemary A. 1981. "Classic Maya kinship and descent: An alternative suggestion," *Journal of the Steward Anthropological Society* 13:45–57.
— 1992. "Dimensiones simbolicas del traje en monumentos clasicos Mayas: La construccion del genero a traves del vestido," in *La Indumentaria y el Tejido Mayas a Traves del Tiempo*, Linda Asturias and Dina Fernandez (eds), pp. 29–38, Guatemala: Museo Ixchel del Traje Indígena.
— 1993. "Women's work: Images of production and reproduction in Prehispanic Southern Central America," *Current Anthropology* 34 (3):255–74.
— 1996. "The construction of gender in Classic Maya monuments," in *Gender in Archaeology*, Rita Wright (ed.), pp. 167–95, Philadelphia: University of Pennsylvania Press.
— 1999. "Social dimensions of Pre-Classic burials," in *Social Patterns in Pre-Classic Mesoamerica*, David C. Grove and Rosemary A. Joyce (eds), pp. 15–47, Washington, DC: Dumbarton Oaks.
— 2000a. "Girling the girl and boying the boy: The production of adulthood in ancient Mesoamerica, *World Archaeology* 31:473–83.
— 2000b. "A Precolumbian gaze: Male sexuality among the Ancient Maya," in *Archaeologies of Sexuality*, Robert A. Schmidt and Barbara L. Voss (eds), pp. 263–83, London: Routledge.
— 2001a. "Burying the dead at Tlatilco: Social memory and social identities," in *New Perspectives on Mortuary Analysis*, Meredith Chesson (ed.), pp. 12–26, Archaeology Division of the American Anthropological Association, Monograph 10, Alexandria, VA: American Anthropological Association.
— 2001b. *Gender and Power in Prehispanic Mesoamerica*, Austin: University of Texas Press.
— 2001c. "Negotiating sex and gender in Classic Maya society," in *Gender in Pre-Hispanic America*, Cecelia Klein (ed.), pp. 109–41, Washington, DC: Dumbarton Oaks.

— 2002a. "Beauty, sexuality, body ornamentation and gender in Ancient Mesoamerica," in *In Pursuit of Gender*, Sarah Nelson and Myriam Rosen-Ayalon (eds), pp. 81–92, Walnut Creek, CA: AltaMira Press.

— 2002b. "Desiring women: Classic Maya sexualities," in *Ancient Maya Gender Identity and Relations*, Lowell Gustafson and Amelia Trevelyan (eds), pp. 329–44, Westport, CT: Greenwood Publishing.

— 2002c. *The Languages of Archaeology*, Oxford: Blackwell.

— 2003a. "Concrete memories: Fragments of the past in the Classic Maya present (500–1000 AD)," in *Archaeologies of Memory*, Ruth Van Dyke and Susan Alcock (eds), pp. 104–25, Malden, MA: Blackwell.

— 2003b. "Making something of herself: Embodiment in life and death at Playa de los Muertos, Honduras," *Cambridge Archaeological Journal* 13:248–61.

— 2004a. "Embodied subjectivity: Gender, femininity, masculinity, sexuality," in *A Companion to Social Archaeology*, Lynn M. Meskell and Robert W. Preucel (eds), pp. 82–95, Oxford: Blackwell.

— 2004b. "Gender in the Ancient Americas: From earliest villages to European colonization," in *A Companion to Gender History*, Teresa A. Meade and Merry E. Wiesner-Hanks (eds), pp. 305–20, Malden, MA: Blackwell.

— 2005. "Archaeology of the body," *Annual Reviews in Anthropology* 34:139–58.

Joyce, Rosemary A., and Cheryl Claassen 1997. "Women in the ancient Americas: Archaeologists, gender, and the making of prehistory," in *Women in Prehistory: North America and Mesoamerica*, Cheryl Claassen and Rosemary A. Joyce (eds), pp. 1–14, Philadelphia: University of Pennsylvania Press.

Joyce, Rosemary A., and John S. Henderson 2001. "Beginnings of village life in eastern Mesoamerica," *Latin American Antiquity* 12:5–23.

Joyce, Rosemary A., M. Steven Shackley, Kenneth McCandless, and Russell N. Sheptak 2004. "Resultados preliminares de una investigación con EDXRF de obsidiana de Puerto Escondido," in *Memoria del VII Seminario de Antropología de Honduras "Dr. George Hasemann,"* Kevin Avalos (ed.), pp. 115–29, Tegucigalpa: Instituto Hondureño de Antropología e Historia.

Ketz, K. Anne, Elizabeth J. Abel, and Andrew J. Schmidt 2005. "Public images and private reality: An analysis of differentiation in a 19th century St. Paul bordello," *Historical Archaeology* 39 (1):74–88.

Klein, Cecelia 2001. "None of the above: Gender ambiguity in Nahua ideology," in *Gender in Pre-Hispanic America*, Cecelia Klein (ed.), pp. 183–253, Washington, DC: Dumbarton Oaks.

Kralik, Miroslav, Vladimir Novotny, and Martin Oliva 2002. "Fingerprint on the venus of Dolní Vèstonice I," *Anthropologie* 40:107–13.

Krochock, Ruth 1991. "Dedication ceremonies at Chichén Itzá: The glyphic evidence," in *Sixth Palenque Round Table, 1986*, Merle Green Robertson and Virginia M. Fields (eds), pp. 43–50, Norman: University of Oklahoma Press.

— 2002. "Women in the Hieroglyphic Inscriptions of Chichén Itzá," in *Ancient Maya Women*, Traci Ardren (ed.), pp. 152–70, Walnut Creek, CA: AltaMira Press.

Lang, Sabine 1998. *Men as Women, Women as Men: Changing Gender in Native American Cultures*, John L. Vantine (trans.), Austin: University of Texas Press.

Laqueur, Thomas W. 1990. *Making Sex: Body and Gender from the Greeks to Freud*, Cambridge, MA: Harvard University Press.

Lesure, Richard G. 2002. "The goddess diffracted," *Current Anthropology* 43:587–610.

Looper, Matthew G. 2002. "Women-Men (and Men-Women): Classic Maya rulers and the

third gender," in *Ancient Maya Women*, Traci Ardren (ed.), pp. 171–202, Walnut Creek, CA: AltaMira Press.

Lopiparo, Jeanne 2006. "Crafting children: Materiality, social memory, and the reproduction of Terminal Classic house societies in the Ulúa Valley, Honduras," in *The Social Experience of Childhood in Ancient Mesoamerica*, Traci Ardren and Scott Hutson (eds), pp. 133–68, Boulder: University Press of Colorado.

Lopiparo, Jeanne, Rosemary A. Joyce, and Julia Hendon 2005. "Pottery production in the Terminal Classic Ulúa Valley," in *Terminal Classic Socioeconomic Processes in the Maya Lowlands through a Ceramic Lens*, Sandra L. López Varela and Antonia Foias (eds), pp. 107–19, BAR International Series 1447, Oxford: British Archaeological Reports.

Lucas, Gavin 2001. *Critical Approaches to Fieldwork: Contemporary and Historical Archaeological Practice*, London: Routledge.

Luke, Christina, Rosemary A. Joyce, John S. Henderson, and Robert H. Tykot 2003. "Marble carving traditions in Honduras: Formative through Terminal Classic," in *ASMOSIA 6, Interdisciplinary Studies on Ancient Stone – Proceedings of the Sixth International Conference of the Association for the Study of Marble and Other Stones in Antiquity, Venice, June 15–18, 2000*, Lorenzo Lazzarini (ed.), pp. 485–96, Padova: Bottega d'Erasmo.

MacCormack, Carol, and Marilyn Strathern (eds) 1980. *Nature, Culture and Gender*, Cambridge: Cambridge University Press.

MacEachern, Scott, David Archer, and Richard D. Garvin (eds) 1989. *Households and Communities*, Proceedings of the 21st Annual Chacmool Conference, Calgary: Department of Archaeology, Calgary University.

McAnany, Patricia A., and Shannon Plank 2001. "Perspectives on actors, gender roles, and architecture at Classic Maya courts and households," in *Royal Courts of the Ancient Maya. Vol. 1: Theory, Comparison, and Synthesis*, Takeshi Inomata and Stephen D. Houston (eds), pp. 84–129, Boulder, CO: Westview.

McCafferty, Geoffrey, and Sharisse McCafferty 1999. "The metamorphosis of Xochiquetzal: A window on womanhood in Pre- and Post-Conquest Mexico," in *Manifesting Power: Gender and the Interpretation of Power in Archaeology*, Tracy Sweeley (ed.), pp. 103–25, London: Routledge.

McCafferty, Sharisse D., and Geoffrey G. McCafferty 1988. "Powerful Women and the Myth of Male Dominance in Aztec Society," *Archaeological Review from Cambridge* 7:45–59.

— 1991. "Spinning and weaving as female gender identity in Post-Classic Mexico," in *Textile Traditions of Mesoamerica and the Andes: An Anthology*, Janet C. Berlo, Margot Schevill, and Edward B. Dwyer (eds), pp. 19–44, New York: Garland.

McCoid, Catherine H., and LeRoy D. McDermott 1996. "Toward decolonizing gender: Female vision in the upper palaeolithic," *American Anthropologist* 98:319–26.

McNeill, Cameron (ed.) 2006. *Chocolate in Mesoamerica: A Cultural History of Cacao*, Gainsville: University of Florida Press.

McDermott, LeRoy 1996. "Self-representation in Upper Paleolithic female figurines," *Current Anthropology* 37:227–75.

Martin, Simon, and Nikolai Grube 2000. *Chronicle of the Maya Kings and Queens: Deciphering the Dynasties of the Ancient Maya*, London: Thames & Hudson.

Marcus, Joyce 1976. *Emblem and State in the Classic Maya Lowlands*, Washington, DC: Dumbarton Oaks.

— 1992. "Royal families, royal texts: Examples from the Zapotec and Maya," in *Mesoamerican Elites: An Archaeological Assessment*, Diane Z. Chase and Arlen F. Chase (eds), pp. 221–41, Norman: University of Oklahoma Press.

— 2001. "Breaking the glass ceiling: The strategies of royal women in ancient states," in *Gender in Pre-Hispanic America*, Cecelia

Klein (ed.), pp. 305–40, Washington, DC: Dumbarton Oaks.
Meade, Teresa A., and Merry E. Wiesner-Hanks (eds) 2004. *A Companion to Gender History*, Malden, MA: Blackwell.
Medicine, Beatrice 1983. "'Warrior Women' – Sex role alternatives for Plains Indian women," in *The Hidden Half: Studies of Plains Indian Women*, Patricia Albers and Beatrice Medicine (eds), pp. 267–80, Washington, DC: University Press of America.
Meskell, Lynn M. 1995. "Goddesses, gimbutas, and 'New Age' archaeology," *Antiquity* 69:74–86.
— 1998a. "Intimate archaeologies: The case of Kha and Merit," *World Archaeology* 29 (3):363–79.
— 1998b. "Running the gamut: Gender, girls, and goddesses," *American Journal of Archaeology* 102:181–85.
— 1999. "Archaeologies of life and death," *American Journal of Archaeology* 103 (2):181–99.
— 2000a. "Cycles of life and death: Narrative homology and archaeological realities," *World Archaeology* 31 (3):423–41.
— 2000b. "Re-em(bed)ding sex: Domesticity, sexuality, and ritual in New Kingdom Egypt," in *Archaeologies of Sexuality*, Robert A. Schmidt and Barbara L. Voss (eds), pp. 235–62, London: Routledge.
— 2005. "De/naturalizing gender in prehistory," in *Complexities: Beyond Nature and Nurture*, Susan McKinnon and Sydel Silverman (eds), pp. 157–75, Chicago: University of Chicago Press.
Meskell, Lynn M., and Robert W. Preucel (eds) 2004. *A Companion to Social Archaeology*, Malden, MA: Blackwell.
Meyer, Michael D., Erica S. Gibson, and Julia G. Costello 2005. "City of angels, city of sin: Archaeology in the Los Angeles red-light district, ca. 1900," *Historical Archaeology* 39 (1):107–25.
Midnight Sun 1988. "Sex/gender systems in Native North America," in *Living the Spirit*, Will Roscoe (ed.), pp. 32–47, New York: St. Martin's Press.
Moore, Henrietta L. 1988. *Feminism and Anthropology*, Cambridge: Polity Press.
— 1994. *A Passion for Difference: Essays in Anthropology and Gender*, Bloomington: Indiana University Press.
Nelson, Sarah M. 1990. "Diversity of the Upper Palaeolithic 'Venus' figurines and archeological mythology," in *Powers of Observation*, Sarah M. Nelson and Alice B. Kehoe (eds), pp. 11–22, Archaeological Papers of the American Anthropological Association, No. 2, Washington, DC: American Anthropological Association.
— 1993. "Gender hierarchy and the Queens of Silla," in *Sex and Gender Hierarchies*, Barbara Miller (ed.), pp. 297–315, Cambridge: Cambridge University Press.
Nelson, Sarah M. (ed.) 2006. *Handbook of Gender in Archaeology*, Lanham, MD: AltaMira Press.
Nevett, Lisa 1994. "Separation or seclusion? Towards an archaeological approach to investigating women in the Greek household in the fifth to third centuries BC," *Architecture and Order: Approaches to Social Space*, Michael Parker Pearson and Colin Richards (eds), pp. 98–112, London: Routledge.
O'Brien, Elizabeth B. 2005. "Illicit congress in the nation's capital: The history of Mary Ann Hall's brothel," *Historical Archaeology* 39 (1):47–58.
Ortner, Sherry, and Harriet Whitehead (eds) 1981. *Sexual Meanings: The Cultural Construction of Gender and Sexuality*, Cambridge: Cambridge University Press.
Overholtzer, Lisa Marie 2005. "The Kneeling Mexica Woman: Evidence for male domination or gender complementarity?" Senior honors thesis, Department of Anthropology, University of California, Berkeley.
Perry, Elizabeth M. 2004. "Bioarchaeology of gender and labor in the prehispanic

American Southwest," Ph.D. dissertation, University of Arizona.
Perry, Elizabeth M., and Rosemary A. Joyce 2001. "Providing a past for *Bodies that Matter*: Judith Butler's impact on the archaeology of gender," *International Journal of Sexuality and Gender Studies* 6 (1 and 2):63–76.
Phillips, Kim M., and Barry Reay (eds) 2002. *Sexualities in History: A Reader*, New York: Routledge.
Pillsbury, Joanne (ed.) 2001. *Moche Art and Archaeology in Ancient Peru*, Washington, DC: National Gallery of Art.
Piña Chan, Román 1958. *Tlatilco*, 2 vols, Serie Investigaciones, No. 1–2, Mexico, DF: Instituto Nacional de Antropología e Historia.
Porter, Muriel 1953. *Tlatilco and the pre-classic cultures of the New World*, Viking Fund Publications in Anthropology, No. 19, New York: Wenner-Gren Foundation for Anthropological Research.
Potts, Richard B. 1984. "Home bases and early hominids," *American Scientist* 72:338–47.
Power, Camilla, and Ian Watts 1996. "Female strategies and collective behaviour: The archaeology of earliest *Homo sapiens sapiens*," in *The Archaeology of Human Ancestry: Power, Sex and Tradition*, James Steele and Stephen Shennan (eds), pp. 306–30, London: Routledge.
Praetzellis, Adrian 2000. *Death by Theory*, Walnut Creek, CA: AltaMira Press.
Preucel, Robert W., and Ian Hodder (eds) 1996. *Contemporary Archaeology in Theory*, Oxford: Blackwell.
Prine, Elizabeth 2000. "Searching for third genders: Towards a prehistory of domestic space in Middle Missouri villages," in *Archaeologies of Sexuality*, Robert A. Schmidt and Barbara L. Voss (eds), pp. 197–219, London: Routledge.
Proskouriakoff, Tatiana 1960. "Historical implications of a pattern of dates at Piedras Negras, Guatemala," *American Antiquity* 25:454–75.
— 1961. "Portraits of women in Maya art," in *Essays in Pre-Columbian Art and Archaeology*, Samuel K. Lothrop (ed.), pp. 81–99, Cambridge, MA: Harvard University Press.
— 1963. "Historical data in the inscriptions of Yaxchilan, Part I," *Estudios de Cultura Maya* III:149–67.
— 1964. "Historical data in the inscriptions of Yaxchilan, Part II," *Estudios de Cultura Maya* IV:177–201.
Pyburn, K. Anne 1998. "Smallholders in the Maya lowlands: Homage to a garden variety Ethnographer," *Human Ecology* 26:267–86.
Pyburn, K. Anne (ed.) 2004. *Ungendering Archaeology*, New York: Routledge.
Reents-Budet, Dorie 1994. *Painting the Maya Universe*, Durham, NC: Duke University Press.
Reilly, F. Kent 2002. "Female and male: The ideology of balance and renewal in elite costuming among the Classic Period Maya," in *Ancient Maya Gender Identity and Relations*, Lowell Gustafson and Amy Trevelyan (eds), pp. 319–28, Westport, CT: Greenwood Press.
Rice, Patricia C. 1981. "Prehistoric Venuses: Symbols of motherhood or womanhood?" *Journal of Anthropological Research* 37:402–14.
Richards, Colin, and Julian Thomas 1984. "Ritual activity and structured deposition in Later Neolithic Wessex," in *Neolithic Studies*, Richard Bradley and John Gardiner (eds), pp. 189–218, Oxford: British Archaeological Reports 133.
Ridgway, Brunilde 1987. "Ancient Greek women and art: The material evidence," *American Journal of Archaeology* 91 (3):399–409.
Robin, Cynthia 2001. "Kin and gender in Classic Maya Society: A case study from Yaxchilan, Mexico," in *New Directions in Anthropological Kinship*, Linda Stone (ed.), pp. 204–28, Boulder, CO: Rowman and Littlefield.
— 2002. "Outside of houses: The practices of everyday life at Chan Noohol, Belize," *Journal of Social Archaeology* 2:245–68.
— 2003. "New directions in Classic Maya

household archaeology," *Journal of Archaeological Research* 11:307–56.
— 2006. "Gender, farming, and long-term change: Maya historical and archaeological perspectives," *Current Anthropology* 47 (3):409–34.
Roosevelt, Anna C. 1988. "Interpreting certain female images in prehistoric art," in *The Role of Gender in Precolumbian Art and Architecture*, Virginia Miller (ed.), pp. 1–34, Lanham, MD: University Press of America.
Rosaldo, Michelle Zimbalist, and Louise Lamphere (eds) 1974. *Woman, Culture and Society*, Stanford: Stanford University Press.
Roscoe, Will 1991. *The Zuni Man-Woman*, Albuquerque, NM: University of New Mexico Press.
— 1998. *Changing Ones: Third and Fourth Genders in Native North America*, New York: St. Martin's Press.
Roughgarden, Joan 2004. *Evolution's Rainbow: Diversity, Gender, and Sexuality in Nature and People*, Berkeley: University of California Press.
Ruscheinsky, Lynn 1995. "The construction and reproduction of gender hierarchy," in *Debating Complexity: Proceedings of the 26th Annual Chacmool Conference*, Daniel A. Meyer, Peter C. Dawson, and Donald T. Hanna (eds), pp. 629–34, Calgary: Chacmool Archaeological Association.
Russell, Pam 1993. "The Palaeolithic mother goddess: Fact or fiction?" in *Women and Archaeology: A Feminist Critique*, Hilary duCros and Laurajane Smith (eds), pp. 93–97, Department of Prehistory, Research School of Pacific Studies, Occasional Papers in Prehistory, No. 23, Canberra: Australian National University.
Schiffer, Michael B. 1987. *Formation Processes of the Archaeological Record*, Albuquerque: University of New Mexico Press.
Schmidt, Robert A. 2000. "Shamans and northern cosmology: The direct historical approach to Mesolithic sexuality," in *Archaeologies of Sexuality*, Robert A. Schmidt and Barbara L. Voss (eds), pp. 220–35, London: Routledge.
Seifert, Donna J. 1991. "Within site of the White House: The archaeology of working women," *Historical Archaeology* 25 (4):82–108.
Seifert, Donna J., and Joseph Balicki 2005. "Mary Ann Hall's house," *Historical Archaeology* 39 (1):59–73.
Seifert, Donna J., Elizabeth Barthold O'Brien, and Joseph Balicki 2000. "Mary Ann Hall's first class house: The archaeology of a capitol brothel," in *Archaeologies of Sexuality*, Robert A. Schmidt and Barbara L. Voss (eds), pp. 117–28, London: Routledge.
Seler, Eduard 1923. "Die Ruinen von Chich'en Itzá in Yucatan," *Gesammelte Abhandlungen zur amerikanischen Sprach- und Alterthumskunde*, 5, pp. 197–388, Berlin: A. Asher.
Serra, Mari Carmen, and Yoko Sugiura 1987. "Funerary rites at two historical moments in Mesoamerica: Middle and Late Formative," in *Studies in the Neolithic and Urban Revolutions: The V. Gordon Childe Colloquium, Mexico, 1986*, Linda Manzanilla (ed.), pp. 345–51, BAR International Series 349, British Archaelological Reports, Oxford.
Sigal, Pete 2005. "The *Cuiloni*, the *Patlache*, and the abominable sin: Homosexualities in early colonial Nahua society," *Hispanic American Historical Review* 85: 555–94.
— 2007. "Queer Nahuatls: Sahagun's faggots and sodomites, lesbians and hermaphrodites," *Ethnohistory* 54 (1):9–34.
Soffer, Olga 1997. "The mutability of Upper Palaeolithic art in Central and Eastern Europe: Patterning and significance," in *Beyond Art: Pleistocene Image and Symbol*, Margaret W. Conkey, Olga Soffer, Deborah Statmann, and Nina Jablonksi (eds), pp. 239–62, San Francisco: California Academy of Sciences and University of California Press.

—— 2004. "Recovering perishable technologies through use wear on tools: Preliminary evidence for Upper Paleolithic weaving and net making," *Current Anthropology* 45:407–13.

Soffer, Olga, James Adovasio, and David C. Hyland 2000. "The 'Venus' figurines: Textiles, basketry, gender and status in the Upper Paleolithic," *Current Anthropology* 41:511–37.

Soffer, Olga, and Margaret W. Conkey 1997. "Studying ancient visual culture," in *Beyond Art: Pleistocene Image and Symbol*, Margaret Conkey, Olga Soffer, Deborah Statmann, and Nina Jablonksi (eds), pp. 1–16, San Francisco: California Academy of Sciences and University of California Press.

Soffer, Olga, Pam Vandiver, Bohuslav Klima, and Jiri Svoboda 1993. "The pyrotechnology of performance art: Moravian Venuses and Wolverines," in *Before Lascaux: The Complex Record of the Early Upper Paleolithic*, Heidi Knecht, Anne Pike-Tay, and Randall White (eds), pp. 259–76, Boca Raton, FL: CRC Press.

Sørensen, Mary Louise Stig 2000. *Gender Archaeology*, Cambridge: Polity Press.

Spector, Janet D. 1983. "Male/female task differentiation among the Hidatsa: Toward the development of an archaeological approach to the study of gender," in *The Hidden Half: Studies of Plains Indian Women*, Patricia Albers and Beatrice Medicine (eds), pp. 77–99, Washington, DC: University Press of America.

Spector, Janet D., and Mary K. Whelan 1989. "Incorporating gender into archaeology classes," in *Gender and Anthropology: Critical Reviews for Research and Teaching*, Sandra Morgen (ed), pp. 65–94, Washington, DC: American Anthropological Association.

Spencer-Wood, Suzanne 2006. "Feminist gender research in classical archaeology," in *Handbook of Gender in Archaeology*, Sarah Nelson (ed.), pp. 295–329, Lanham, MD: AltaMira.

Spude, Catherine H. 2005. "Brothels and saloons: An archaeology of gender in the American West," *Historical Archaeology* 39 (1):89–106.

Stahl, Ann B. 1993. "Concepts of time and approaches to analogical reasoning in historical perspective," *American Antiquity* 58:235–60.

Stone, Andrea 1988. "Sacrifice and Sexuality: Some Structural Relationships in Classic Maya Art," in *The Role of Gender in Precolumbian Art and Architecture*, Virginia Miller (ed.), pp. 75–103, Lanham, MD: University Press of America.

—— 1991. "Aspects of impersonation in Classic Maya art," in *Sixth Palenque Round Table, 1986*, Virginia Fields (ed.), pp. 194–202, Norman: University of Oklahoma Press.

—— 1995. *Images from the Underworld: Naj Tunich and the Tradition of Maya Cave Painting*, Austin: University of Texas Press.

Storey, Rebecca 1998. "Mothers and daughters of a patrilineal civilization: The health of females among the Late Classic Maya of Copán, Honduras," in *Sex and Gender in Paleopathological Perspective*, Anne L. Grauer and Patricia Stuart-Macadam (eds), pp. 133–48, Cambridge: Cambridge University Press.

Sweely, Tracy L. 1998. "Personal interactions: The implications of spatial arrangements for power relations at Ceren, El Salvador," *World Archaeology* 29:393–406.

— 1999. "Gender, space, people and power at Ceren, El Salvador," in *Manifesting Power: Gender and the Interpretation of Power in Archaeology*, Tracy Sweely (ed.), pp. 155–71, London: Routledge.

Tanner, Nancy, and Adrienne Zihlman 1976. "Women in evolution, Part I: Innovation and selection in human origins," *Signs* 1:585–608.

Taube, Karl 1985. "The Classic Maya maize god: A reappraisal," in *Fifth Palenque Round*

Table, 1983, Virginia Fields (ed.), pp. 171–81, San Francisco: Pre-Columbian Art Research Institute.

Taylor, Walter W. 1948. *A Study of Archeology*, Menasha, WI: American Anthropological Association.

Thompson, Philip C. 1982. "Dynastic marriage and succession at Tikal," *Estudios de Cultura Maya* 14:261–87.

Tolstoy, Paul 1989. "Coapexco and Tlatilco: Sites with Olmec materials in the Basin of Mexico," in *Regional Perspectives on the Olmec*, Robert J. Sharer and David C. Grove (eds), pp. 85–121, Cambridge: Cambridge University Press.

Tozzer, Alfred M. 1941. *Landa's Relación de las cosas de Yucatan*, translator and editor, Papers of the Peabody Museum, Vol. XVIII, Cambridge, MA: Peabody Museum of Archaeology and Ethnology, Harvard University.

Treherne, Paul 1995. "The warrior's beauty: The masculine body and self-identity in Bronze Age Europe," *Journal of European Archaeology* 3:105–44.

Trigger, Bruce 2006. *A History of Archaeological Thought*, second edition, Cambridge: Cambridge University Press.

Tringham, Ruth E., and Margaret W. Conkey 1998. "Rethinking figurines: A critical view from archaeology of Gimbutas, the 'Goddess,' and popular culture," in *Ancient Goddesses*, Lucy Goodison and Christine Morris (eds), pp. 22–45, London: British Museum Publications.

Trinkhaus, Erik, and Jiri Svoboda (eds) 2006. *Early Modern Human Evolution in Central Europe: The People of Dolní Vèstonice and Pavlov*, Oxford: Oxford University Press.

Vandiver, Pamela, Olga Soffer, Bohuslav Klima, and Jiri Svoboda 1989. "The origins of ceramic techology at Dolní Vèstonice, Czechoslovakia," *Science* 246:1002–1008.

— 1990. Venuses and wolverines: The origins of ceramic technology at Dolní Vèstonice ca. 26,000 BP," in *Ceramics and Civilization*, vol. 5, W. David Kingery (ed.), pp. 13–81, Westville, OH: American Ceramics Society.

Voss, Barbara L. 2000. "Colonial sex: Archaeology, structured space, and sexuality in Alta California's Spanish colonial missions," in *Archaeologies of Sexuality*, Robert A. Schmidt and Barbara L. Voss (eds), pp. 35–61, London: Routledge.

— 2006. "Sexuality in archaeology," in *Handbook of Gender in Archaeology*, Sarah Nelson (ed.), pp. 365–400, Lanham, MD: AltaMira Press.

Walde, Dale, and Noreen Willows (eds) 1991. *The Archaeology of Gender: Proceedings of the 22nd Annual Chacmool Conference*, Calgary: Department of Archaeology, Calgary University.

Walker, Susan 1983. "Women and housing in classical Greece: The archaeological evidence," in *Images of Women in Antiquity*, Averil Cameron and Amelie Kuhrt (eds), pp. 81–91, London: Croom Helm.

Webster, David, and Nancy Gonlin 1988. "Household remains of the humblest Maya," *Journal of Field Archaeology* 15:169–90.

Weedman, Kathryn 2006. "Gender and ethnoarchaeology," in *Handbook of Gender in Archaeology*, Sarah Nelson (ed.), pp. 247–94, Lanham, MD: AltaMira Press.

Weismantel, Mary 2004. "Moche sex pots: Reproduction and temporality in ancient South America, *American Anthropologist* 106 (3):495–505.

Weston, Kath 1993. "Lesbian/gay studies in the house of anthropology," *Annual Review of Anthropology* 22:339–67.

White, Christine D. 2005. "Gendered food behaviour among the Maya: Time, place, status and ritual," *Journal of Social Archaeology* 5 (3):356–82.

White, Christine D., Rebecca Storey, Fred J. Longstaffe, and Michael W. Spence 2004. "Immigration, assimilation, and status in the ancient city of Teotihuacan: Stable isotopic

evidence from Tlajinga 22," *Latin American Antiquity* 15:176–98.
Whitehead, Harriet 1981. "The bow and the burden strap: A new look at institutionalized homosexuality in Native North America," in *Sexual Meanings: The Cultural Construction of Gender and Sexuality*, Sherry Ortner and Harriet Whitehead (eds), pp. 80–115, Cambridge: Cambridge University Press.
Wilk, Richard M., and Wendy Ashmore (eds) 1988. *Household and Community in the Mesoamerican Past*, Albuquerque: University of New Mexico Press.
Wilk, Richard M., and William L. Rathje (eds) 1982. *Archaeology of the Household: Building a Prehistory of Domestic Life*, special issue of *American Behavioral Scientist* 25.
Wilkie, Laurie A. 2003. *The Archaeology of Mothering: An African-American Midwife's Tale*, London: Routledge.
Wilkie, Laurie A., and Katherine Howlett Hayes 2006. "Engendered and Feminist Archaeologies of the Recent and Documented Pasts," *Journal of Archaeological Research* 14:243–64.
Wilkie, Laurie A., and George W. Shorter, Jr. 2001. *Lucretia's Well: An Archaeological Glimpse of an African-American Midwife's Household*, University of South Alabama Archaeological Monograph 11, Mobile, AL: University of South Alabama Center for Archaeological Studies.
Wylie, Alison 1985. "The reaction against analogy," *Advances in Archaeological Method and Theory* 8:63–111.
— 1988. "'Simple'analogy and the role of relevance assumptions: Implications of archaeological practice," *International Studies in the Philosophy of Science* 2:134–50.
— 1991. "Gender theory and the archaeological record: Why is there no archaeology of gender?" in *Engendering Archaeology*, Margaret W. Conkey and Joan Gero (eds), pp. 31–54, Oxford: Blackwell.
— 1992. "The interplay of evidential constraints and political interests: Recent archaeological research on gender," *American Antiquity* 57:15–35.
— 1996. "The constitution of archaeological evidence: Gender politics and science," in *The Disunity of Science*, Peter Galison and David J. Stump (eds), pp. 311–43, Palo Alto: Stanford University Press.
— 2002. *Thinking from Things: Essays in the Philosophy of Archaeology*, Berkeley: University of California Press.
Yamin, Rebecca 2005. "Wealthy, free, and female: Prostitution in nineteenth century New York," *Historical Archaeology* 39 (1):4–18.
Yanagisako, Sylvia, and Jane Fishburne Collier (eds) 1987. *Gender and Kinship: Essays Toward a Unified Analysis*, Stanford: Stanford University Press.
Yates, Tim 1993. "Frameworks for an archaeology of the body," in *Interpretive Archaeology*, Christopher Tilley (ed.), pp. 31–72, Providence, RI: Berg.
Zihlman, Adrienne 1978. "Women in evolution, Part II: Subsistence and social organization among early hominids," *Signs* 4:4–20.
— 1981. "Women as shapers of the human adaptation," in *Woman the Gatherer*, Frances Dahlberg (ed.), pp. 75–120, New Haven: Yale University Press.

左岸科學人文　383

如何考古，怎樣思考
性別觀點如何撼動考古學
Ancient Bodies, Ancient Lives
Sex, Gender, and Archaeology

作　　者　羅絲瑪莉・喬伊絲（Rosemary A. Joyce）
譯　　者　林紋沛、陳毅澂
審　　定　江芝華
總 編 輯　黃秀如
責任編輯　林巧玲
行銷企劃　蔡竣宇

出　　版　左岸文化／遠足文化事業股份有限公司
發　　行　遠足文化事業股份有限公司（讀書共和國出版集團）
231新北市新店區民權路108-2號9樓
電　　話　（02）2218-1417
傳　　真　（02）2218-8057
客服專線　0800-221-029
E-Mail　rivegauche2002@gmail.com
左岸臉書　facebook.com/RiveGauchePublishingHouse
法律顧問　華洋法律事務所　蘇文生律師
印　　刷　呈靖彩藝有限公司
初版一刷　2024年9月

定　　價　450元
I S B N　978-626-7462-20-1
9786267462157（PDF）
9786267462164（ePub）

如何考古，怎樣思考：性別觀點如何撼動考古學
／羅絲瑪莉・喬伊絲著；林紋沛、陳毅澂譯.
－初版.－新北市：左岸文化：
遠足文化事業股份有限公司發行，2024.09
面；　公分.－（左岸科學人文；383）
譯自：Ancient bodies, ancient lives :
sex, gender, and archaeology.
ISBN　978-626-7462-20-1（平裝）
1.CST: 考古學　2.CST: 女性
3.CST: 性別角色　4.CST: 性別研究
790　113010617